다시, 비상계엄

다시, 비상계엄

2025년 2월 17일 초판 발행
2025년 2월 22일 1판 1쇄

지은이 | 주철희
펴낸이 | 이현정
편 집 | 이현정
디자인 | 주혜령

펴낸곳 | 더읽다
등 록 | 2024년 4월 23일(제25100-2024-000003호)
주 소 | 전남 여수시 대치1길 100
전 화 | 010-8000-1306
이메일 | theread2024@naver.com
블로그 | blog.naver.com/the-read

ISBN 979-11-987622-4-5 03910

값 17,000원

KOREA MARTIAL LAW: A HISTORICAL OVERVIEW

다시, Again, Martial Law
비상계엄

주철희

책을 시작하며

"Not punishing the criminals yesterday is the same folly of giving courage to tomorrow's criminals."_Albert Camus
어제의 범죄를 벌하지 않는 것은 내일의 범죄에 용기를 주는 것과 똑같은 어리석은 짓이다."_알베르 카뮈

2024년 12월 3일 밤 10시 28분경 윤석열 대통령은 전국에 비상계엄을 선포하였다. 윤석열은 "북한 공산 세력의 위협으로부터 자유 대한민국을 수호하고 우리 국민의 자유와 행복을 약탈하고 있는 파렴치한 종북 반국가세력들을 일거에 척결하고 자유 헌정질서를 지키기 위해서"라며 비상계엄 선포의 이유를 밝혔다. 그러나 대통령의 비상계엄 선포 이유를 납득한 국민은 별로 많지 않았다. 대부분 국민은 "이게 뭐지?", "꿈인가?", "가짜뉴스인가?" 등의 반응을 보였고, 계엄을 겪었던 기성세대는 두려움을 느꼈다. 12·3비상계엄은 평온한 일상을 비상 상황으로 돌변시켜 한 치 앞도 알 수 없는 불확실의 시대로 몰아넣었다.

    도대체 비상계엄이란 무엇일까? 비상계엄은 말 그대로 비상사태를 수습하기 위한 비상조치 수단이다. 비상사태란 역사적 중요한 사건이 존재했다는 것을 의미한다. 대한민국 정부수립 이후 약간의 차이는 있지만, 11차례 정도 계엄이 선포되었다. 이는 일부 지역 계엄이나 확대 조치 계엄 및 계엄 변경을 제외한 횟수이다. 어떤 역사적 사건이 맞물렸기에 이렇게도 많은 계엄이 선포되었던 것일까?

    대한민국 정부 수립 이후 첫 계엄령은 여순항쟁 때인 1948년 10월 25일 여수와 순천에 선포되었다. 국민에게 가장 각인된 계엄은 1980년 5월 17일 비상계엄 확대 조치이다. 이는 광주민주항쟁의 원인이 되었기 때문이다. 영화 「서울의 봄」은 직접적으로 비상계엄을 다루지 않았지만, 정치군인들의 쿠데타를 다시금 생각하는 기회가 되었다. 여하튼 11차례 계엄령 중 헌법과 법률에서 규정한 계엄의 요건과 절차를 갖춘 계엄령은 그리 많지 않다. 오히려 권력을 강화하기 위한 수단으로 계엄령을 발동한 역사가 더 많다.

    계엄이란 국민의 기본권을 제한하거나 정지하며, 개개인의 생사여탈이 군의 명령에 따라 결정된다. 그리고 헌정질서가 유린당하고 훼손되는 상황이 발생한다. 실제 대한민국에서 계엄령이 발동할 때마다 민주주의와 법치주의는 심각하게 훼손되고 국민의 기본권은 심대하게 침해되었다. 따라서 계엄 선포는 매우 신중해야 하며, 특히 헌법과 법률에 따라 계엄 선포의 절차와 요건을 갖추었을 때만이 그 정당성을 인정받을 수 있다. 그러나 11차례 계엄 선포는 권력자의 의중에 따라 자의적으로 발포된 사례가 훨씬 많았다. 계엄 선포는 곧 비상사태를 의미한다. 이러한 계엄 선포는 곧 역사적 중요한 사건과 중첩된다는 의미이기도 하다. 따라서 대한민국 현대사 속에서 비상계엄이 지닌 의미를 조명할 필요가 있다. 대체로 비상계엄은 헌법과 법률적 측면에서 논의되고 있지만, 이 책은 역사적 연관성에 집중하여 비상계엄을 다루었다.

이 책은 5장으로 구성되었다. 1장에서 계엄은 무엇인가를 살피고 대한민국 정부 수립 이후 계엄의 역사를 정리하고자 한다. 2장은 이승만 정권에서 선포된 다섯 차례 계엄의 원인과 의미를 통해 이것이 훗날의 비상계엄과 어떤 연관성이 있는지 검토하고자 한다. 3장은 박정희 정권에서 선포한 비상계엄과 권력과의 관계를 따져보고자 한다. 박정희가 선포한 네 차례의 비상계엄은 헌법과 법률의 요건과 절차가 무시된 채 오로지 정치적 목적을 위한 발동이었다. 박정희 정권 18년은 대한민국 민주주의와 인권이 상실된 오욕의 현대사이다. 4장은 전두환의 권력 장악에 비상계엄이 어떤 역할을 하였는지를 살피고자 한다. 전두환은 박정희의 후예로서 군사쿠데타를 통해 권력을 장악했고, 이는 광주민주항쟁과 연관되었다.

마지막 5장은 현재 우리의 문제로 대두된 12·3비상계엄의 난맥상을 살펴보고자 한다. 21세기 문명국가에서 비상계엄은 거의 사라진 단어나 마찬가지였다. 경제규모 세계 12위에 속하는 대한민국에서 2024년 12월 3일 날벼락처럼 비상계엄이 선포되었고, 6시간 만에 종료되었다. 대한민국 계엄의 역사에서 가장 단기간의 비상계엄으로 기록될 것이다. 비상계엄 선포를 통해 윤석열이 얻고자 했던 원인의 정당성과 목적성은 무엇이고, 그 비상계엄 선포의 실패한 요인이 무엇인지 살피고자 한다.

12·3비상계엄은 '12·3내란'으로 규정되어 윤석열 대통령에 대한 탄핵소추안이 국회에서 의결되었고, 헌법재판소의 결정을 기다리고 있다. 헌법재판소는 대통령 탄핵에 대해 위헌성을 따져 '인용' 또는 '기각'을 판단할 것이다. 위헌성을 따지는 헌법재판소의 최종 판단이 이 책의 내용과 다를 수 있다. 이 책은 법률보다는 역사적 측면의 계엄을 강조하면서 계엄의 역사를 조망하고 있다는 것을 밝혀둔다. 그리고 비상계엄이 대한민국 현대사의 변곡점에서 어떻게 발동되었는지를 공유하고자 집필하였다.

2025년 1월
주철희 쓰다

목차

다시, **비상계엄**

1장

비상계엄은
무엇인가

1
계엄의 역사

"대통령은 전시·사변 또는 이에 준하는 국가비상사태에 있어서 병력으로써 군사상의 필요에 응하거나 공공의 안녕질서를 유지할 필요가 있을 때에는 법률이 정하는 바에 의하여 계엄을 선포할 수 있다."

현재 대한민국 헌법에 규정된 계엄 선포의 요건이다.[1]   1948년 8월 15일 대한민국 정부수립 이후 현재(2024년)까지 총 11차례 계엄령이 선포되었다는 것이 일반적인 통설이다. 다만, 계엄법 제정(1949년 11월 24일) 이전에는 현지 사령관에 의한 임시계엄도 여러 차례 있었으며,

---

[1] 헌법 제10호(1987년 10월 29일 전부개정, 1988년 2월 25일 시행)
제77조 ①대통령은 전시·사변 또는 이에 준하는 국가비상사태에 있어서 병력으로써 군사상의 필요에 응하거나 공공의 안녕질서를 유지할 필요가 있을 때에는 법률이 정하는 바에 의하여 계엄을 선포할 수 있다.
②계엄은 비상계엄과 경비계엄으로 한다.
③비상계엄이 선포된 때에는 법률이 정하는 바에 의하여 영장제도, 언론·출판·집회·결사의 자유, 정부나 법원의 권한에 관하여 특별한 조치를 할 수 있다.
④계엄을 선포한 때에는 대통령은 지체없이 국회에 통고하여야 한다.
⑤국회가 재적의원 과반수의 찬성으로 계엄의 해제를 요구한 때에는 대통령은 이를 해제하여야 한다.

한국전쟁 중에는 지역별로도 계엄령이 선포되었다. 특히 1980년 5월 17일 신군부의 비상계엄 확대 조치는 1979년 10월 27일 비상계엄령의 연속으로 간주하여 횟수에서 제외하지만, 그 영향은 매우 컸다.

계엄 선포는 대통령의 고유 권한이다. 제헌헌법 제64조 "대통령은 법률의 정하는 바에 의하여 계엄을 선포한다"는 조항으로, 대통령의 통치행위로 계엄 선포를 규범화하였다. 다만, 계엄을 선포하기 위해서는 법률, 즉 계엄에 관한 법률을 제정해야 한다. 계엄법은 1949년 11월 24일 제정되었다. 법률 제정에 따라 '계엄사령부 직제'에 관한 시행령(대통령령 제599호)이 제정된 것은 1952년 1월 28일이다.

1949년 11월 24일 제정된 계엄법(법률 제69호) 제1조에는 "대통령은 전시, 사변 또는 이에 준하는 국가 비상사태에 제하여 병력으로써 군사상이나 또는 공공의 안녕질서를 유지할 필요가 있을 때에는 특히 경비에 필요한 지역을 구획하여 본법이 정하는 바에 의하여 계엄을 선포한다"고[2] 규정하였다.

계엄령은 군대를 동원한 통치행위로서 대통령의 권한이다. 하지만 그 권한에 있어서는 헌법과 법률에서 '전시·사변 또는 이에 준하는 국가 비상사태'에서만 군대를 동원할 수 있다고 엄격하게 제한하고 있다. 국가 위기 상황에 대처하는 수단으로서의 계엄령은 권력자의 편익에 따라 선포한 사례가 훨씬 많았음을 지난 역사에서 확인할 수 있다. 정치적 목적을 실현하기 위한 계엄 선포는 그 정당성을 인정받을 수 없는 반헌법적이고 위법한 통치행위라고 역사는 기록하고 있다.

---

[2] 계엄법(법률 제69호, 1949년 11월 24일 제정).

1) 우리나라 계엄의 역사

차수	선포일	해제일	구분	종류	비고
1	1948년 10월 25일	-	지역	비상계엄	여순항쟁
	1948년 11월 1일	1949년 2월 5일	지역	비상계엄	여순항쟁(확대)
2	1948년 11월 17일	1948년 12월 31일	지역	비상계엄	제주4·3항쟁
3	1950년 7월 8일	-	지역	비상계엄	한국전쟁
	1950년 7월 20일	1952년 4월 7일	전국	비상·경비계엄	한국전쟁(확대)
4	1952년 5월 25일	-	지역	비상계엄	부산정치파동
	1952년 7월 17일	1952년 7월 28일	지역	비상계엄	전라남북도 일부
5	1960년 4월 19일	-	지역	경비·비상계엄	4·19혁명
	1960년 4월 27일	1960년 7월 16일	지역	경비·비상계엄	4·19혁명(마산)
6	1961년 5월 16일	1962년 12월 5일	전국	경비·비상계엄	5·16쿠데타
7	1964년 6월 3일	1964년 7월 29일	지역	비상계엄	6·3항쟁
8	1972년 10월 17일	1972년 12월 13일	전국	비상계엄	10월유신선포
9	1979년 10월 18일	-	지역	비상계엄	부마민주항쟁
10	1979년 10월 27일	-	지역	비상계엄	10·26사태
	1980년 5월 17일	1981년 1월 24일	전국	비상계엄	광주민주항쟁
11	2024년 12월 3일	2024년 12월 4일	전국	비상계엄	12·3내란사태

해방 이후 미군정 시기에 두 차례 계엄령이 선포되었다. 1946년 10월 2일 대구지구(대구·달성·영일·경주), 1946년 10월 31일 목포·무안

일대의 계엄령 선포이다. 이 책에서 주요하게 다룰 것은 1948년 8월 15일 대한민국 정부 수립 이후 계엄의 역사이다.

11차례 선포되었던 각각의 계엄에 대해서는 각 장에서 자세하게 설명하겠지만, 우선 각 계엄 선포와 해제 그리고 계엄 선포를 할 수밖에 없었던 역사적 사건과의 관계를 간략하게 설명하고자 한다. 따라서 11차례의 계엄을 간략하게나마 우선 이해하고, 그 바탕에서 각각 계엄령의 원인, 의미, 영향을 살피는 것이 계엄의 역사를 총체적으로 이해하는 데 도움이 될 것이라고 본다.

대한민국 정부수립 이후 최초 계엄령은 1948년 10월 25일이다. 여순항쟁을 진압하기 위한 계엄이었다. 여순항쟁과 관련한 계엄은 10월 22일, 10월 25일, 11월 1일 등 세 차례가 있었다. 그중 국무회의의 의결을 거쳐 『관보』에 공고된 계엄을 공식적인 계엄으로 간주하여 10월 25일을 1차 계엄으로 표기하였다. 2차 계엄은 1948년 11월 17일 제주4·3항쟁을 진압하기 위해 제주도에 내려진 계엄령이다. 1차와 2차 계엄령은 절차적으로 많은 문제를 노정하였다. 특히 계엄법이 제정되지 않은 상황에서 선포되었기 때문에 불법적 계엄이란 주장에 힘이 실린다. 이때 대통령은 이승만이다.

3차에서 5차 계엄령 또한 이승만 정권 당시 선포된 비상계엄이다. 이승만 정부에서 무려 다섯 차례나 계엄령을 선포한 것이다. 6차부터 8차까지 네 차례의 계엄령은 박정희 정권에서 내려진 계엄이다. 박정희가 선포한 계엄은 권력 탈취 및 자신의 권력을 유지·강화하기 위한 비상조치였다.

9차와 10차 계엄은 박정희 사망 이후 전두환과 신군부의 출현과

깊은 관련이 있다. 9차 비상계엄은 부마민주항쟁을 진압하기 위해 부산시에 내려진 비상계엄이었다. 박정희 사망으로 인하여 10월 27일 제주도를 제외한 전국에 비상계엄을 선포하였고(10차 계엄), 1980년 5월 17일에는 제주도를 포함한 전국에 비상계엄 확대 조치가 이루어졌다. 이를 빌미로 전두환이 정권을 탈취하였다. 11차 계엄은 2024년 12월 3일 밤 10시 28분경 마른하늘에 날벼락이 떨어진 것처럼 선포되었던 윤석열의 비상계엄 선포이다. 이 글을 마무리하는 시점에도 12·3비상계엄으로 인한 헌법재판소의 대통령 탄핵 심판은 그 종결을 보지 못하고 있다.

대한민국 정부 수립 이후 공식적으로 11차례의 계엄령이 선포되었다. 여기에는 현지 사령관이 내린 임시계엄, 지역별 계엄, 확대 조치된 계엄은 제외되었다. 11차례의 계엄령 중 헌법과 계엄법에서 명시한 계엄 요건을 갖춘 계엄령은 그리 많지 않다. 오히려 권력 탈취와 자신의 권력을 유지·강화하기 위한 수단으로 계엄령을 발동한 역사가 더 많다. 계엄령이 발동할 때마다 민주주의는 심각하게 훼손되면서 헌정질서가 중지되거나 유린당했고 국민의 기본권은 심대하게 침해되었다.

2) 계엄이란 무엇인가?

계엄(戒嚴, martial law 또는 martial rule)은 국가가 전쟁이나 내란 등의 비상사태를 해결하기 위한 국가긴급권이다. 즉 계엄은 전시·사변 또는 이에 준하는 국가 비상사태에 있어서 군사상의 필요가 있거나, 공공의 안녕질서를 유지할 필요가 있을 때, 대통령이 전국 또는 일정 지역에

군 병력으로서 경비하고, 당해 지역의 행정사무와 사법사무의 일부 또는 전부를 군대의 관할 아래 두며, 국민의 기본권 일부까지도 정지하거나 제한할 수 있다.

계엄은 오랜 역사를 가진 제도로서 국가의 안전과 사회질서 유지를 위한 수단으로 존재한다. 국가긴급권이 하나의 법 제도로 등장한 것은 프랑스혁명이다. 프랑스는 혁명으로 인한 국가적 혼란에서 벗어나기 위한 위기관리 방법으로 1791년 7월 10일 제정한 '군사지역의 유지와 분류에 관한 법률'에서 "적 공격 시에는 질서유지를 위하여 헌법에 의하여 민간 관리에게 부여된 모든 권한을 군사령관에게 이관한다"고 하여 국가긴급권을 1848년 제2공화국 헌법 제106조에 규정하였고, 1849년 계엄법(martial law)을 제정한 첫 국가가 되었다.

계엄이란 용어는 일본이 만들었다. 일본은 프랑스의 계엄법을 받아들여 1882년 태정관 공고 제36호로 '계엄령'을 법률로 규정하였다.[3] 계엄이라는 용어의 어원은 정자통正字通[4] 의 "적장지설비왈계엄敵將至設備曰戒嚴"(적이 바야흐로 쳐들어옴에 방비를 굳게 함을 일컬어 계엄이라 한다)에서 유래한다.[5]

계엄령의 세계적 추세는 어떻게 될까? 미국은 1941년 12월 7일

---

3 계엄의 종류는 준비상사태에 해당하는 '임전지경(臨戰地境)'과 비상사태에 해당하는 '합위지경(合圍地境)'으로 나누었다.

4 중국 명나라 말 장자열(張自烈)이 지은 한자 자전을 청나라 초 학자 요문영(廖文英)이 새롭게 편집하여 간행하였다.

5 백윤철, 「계엄법에 관한 연구-일제의 계엄령과 건국 초기의 계엄법」, 『법학논총』 33권 1호, 2009, 96쪽.

일본이 진주만을 공격하자 하와이에 선포된 계엄령이 가장 최근의 일이다. 이 계엄령은 1944년 10월 24일 해제되었다. 미국은 2001년 9·11테러 당시에도 계엄령을 선포하지 않았다. 미국 트럼프 대통령이 2025년 1월 취임하면서 멕시코 불법 이민과 관련해 남부 국경에 선포한 '국가비상사태'는 우리가 알고 있는 비상계엄과는 다르다.

일본에서 계엄령은 1923년 9월 1일 간토關東대지진이 발생하면서 2일 도쿄부와 그 주변, 3일 가나가와현, 4일 지바현과 사이타마현에 계엄령이 선포되었다. 계엄령 아래에서 군대·경찰과 각지에 조직된 자경단에 의해 약 6,000명가량의 한국인이 학살당하였다. 1936년 당시 일본 육군의 젊은 장교들이 1,400여 명의 병력을 이끌고 도쿄의 주요 정부 건물을 점거하고 내각의 주요 인사를 암살하며 군사쿠데타를 시도하였다. 일명 '2·26사건'이다. 일왕은 이를 반란으로 규정하고 즉각 계엄령을 선포하여 신속히 진압하였다. 태평양전쟁(1941~1945년) 시기에는 사실상 계엄과 다름없는 '전시 긴급조치'가 내려져 언론, 출판, 집회, 결사 등 여러 분야에서 엄격한 통제가 이루어졌다. 일본에서는 1947년 '평화헌법'이 제정되면서 계엄이 법적으로 폐지되었다. '평화헌법'은 국가권력에 의한 전쟁과 무력 행사를 원천적으로 봉쇄함으로써, 군부의 정치 개입을 근본적으로 차단하였다.

최근에 계엄령을 선포한 나라는 미얀마, 스리랑카, 우크라이나, 러시아, 에콰도르가 있다. 미얀마 군부는 2020년 11월 총선 결과를 부정하며 2021년 2월 1일 민주적으로 선출된 정부를 전복하고 쿠데타를 일으켰다. 군부는 곧바로 주요 도시에 계엄령을 선포하고 시민의 집회를 금지하고 통행시간을 제한하며 군부에 항의하는 시민을 탄압하였다. 그리고 지금(2025년 1월 31일)까지도 계엄령은 계속되고 있다.

스리랑카는 극심한 경제난으로 반정부 시위가 격화되자 2022년 4월 1일 국가비상사태를 선포하였다. 주요 도시에 통행금지령이 선포되었으며 대통령 퇴진을 요구하는 시위 진압을 위해 군에 발포 명령을 내렸다. 비상사태는 2022년 8월 18일 종료되었다.

우크라이나는 2022년 2월 러시아가 침공하자 젤렌스키 대통령이 계엄령을 선포하였다. 우크라이나는 18세에서 60세 사이 남성의 출국 금지, 야간 통행금지, TV채널 하나로 통합 운영, 11개 야당의 정치활동 중단 등의 조치가 이루어졌다. 러시아도 2022년 10월 우크라이나의 접경 일부 지역에 계엄령을 선포하였다. 우크라이나와 러시아의 전쟁은 지금도 계속되고 있어, 국민의 생활고는 악화 일로를 겪고 있다.

남미의 작은 나라 에콰도르는 2024년 1월 '마약왕' 호세 마시아스가 탈옥하면서 6개 주 교도소에서 폭력사태가 발생하였다. 노보아 대통령은 마약갱단을 '테러 집단'으로 규정하고 60일간의 계엄을 선포하였다. 이외에도 2000년 이후 계엄을 선포한 나라는 파키스탄(2007년), 이집트(2013년), 태국(2014), 튀르키예(2016년), 필리핀(2017년) 등이 있다.

그리고 2024년 12월 3일 대한민국에 비상계엄이 선포되었다. 대한민국은 이른바 'OECD'에 가입한 국가이며, 경제 규모도 세계 12위권(국제통화기금의 2024년 발표)의 나라이다. 이런 대한민국이……

3) 우리나라 계엄법의 변화

대한민국 계엄의 헌법적 근거는 제헌헌법 제64조에 "대통령은 법률의 정하는 바에 의하여 계엄을 선포한다"고 규정하였다. 계엄 선포권을 대통령의 고유권한으로 규정하였지만, 제헌헌법 제72조에 따라 계엄 선포는 국무회의의 의결을 거치도록 하였다. 제헌헌법에서는 계엄 선포권을 대통령의 권한으로 규정했지만, 계엄 선포의 요건은 법률에 위임하였다. 계엄법은 1949년 11월 24일 법률 제69호가 제정되면서 헌법에서 제시한 법률적 근거를 갖추었다. 계엄법은 3장 23조로 구성되었다.

계엄법 제1조 "대통령은 전시, 사변 또는 이에 준하는 국가 비상사태에 제際하여 병력으로써 군사상이나 또는 공공의 안녕질서를 유지할 필요가 있을 때에는 특히 경비에 필요한 지역을 구획하여 본법의 정하는 바에 의하여 계엄을 선포한다"면서 계엄 선포의 요건을 명시했고, "계엄의 선포를 한 때에는 그 선포의 이유, 종류, 시행지역 또는 계엄사령관을 공고하여야 한다"고 규정하였다.

계엄 선포의 요건은 국가 비상사태에서만 발동할 수 있다. 대통령의 통치행위로 계엄 선포권이 주어졌지만, 헌법과 법률에서 엄격하게 그 권한을 제한하고 있다. 특히 계엄법 제5조는 "대통령이 비상계엄을 선포 또는 추인하였을 때에는 지체없이 국회에 통고하여야 한다"고 규정하면서 국회 통제권을 두었고, 제21조에는 "국회가 계엄의 해제를 요구할 때에는 대통령은 이를 해제하여야 한다"고 명시함으로써 대통령의 계엄 선포권 남발을 방지하고 있다.

제17조에는 "계엄 선포 중에 국회의원은 현행범을 제외한 외에는 체포 또는 구금되지 아니한다"고 규정하여, 아무리 비상사태라고 하여도 국회의원의 정치활동을 제약할 수 없도록 하였다. 즉 계엄이 행정사무와 사법사무에는 영향을 미치지만, 입법권에는 영향을 미치지 못하도록 설계되었다.

계엄법 내용을 좀 더 살펴보면, 제2조에서 계엄을 경비계엄과 비상계엄으로 구분하였고, 계엄 선포 권한을 대통령으로 한정하였다. 다만 교통·통신의 두절로 인하여 대통령의 계엄 선포를 기다릴 여유가 없을 때는 당해 지방을 관할하는 군사 책임자가 임시로 계엄을 선포할 수 있도록 단서 조항을 두었다(제6조). 즉 현행 계엄법에는 없는 '임시 계엄 선포'가 초창기 계엄법에는 규정되었다. 임시계엄을 선포한 지휘관은 곧바로 국방부장관에게 보고해야 하고 대통령의 추인을 받지 않은 때에는 즉시 해제하도록 하였다(제7조).

임시계엄을 법 조항으로 포함하였지만, 여순항쟁과 한국전쟁에서 각 한 차례씩 선포된 것이 사용된 전례의 전부이다. 임시계엄이 법 조항으로 규정된 것은 1948년 10월 22일 여수와 순천지역에 선포한 임시계엄이 영향을 미쳤던 것으로 보인다.

제9조는 계엄사령관이 지역 계엄의 시행에 관하여 국방부장관의 지휘·감독을 받으며, 전국 계엄의 경우에는 대통령의 지휘·감독을 받도록 규정하였다. 계엄지역 내의 행정사무와 사법사무 등을 규정하였고, 행정기관과 사법기관은 계엄사령관 지휘·감독을 받도록 규정하였다(제10조~제12조). 제13조는 군사상 필요한 경우 국민의 기본권 중 일부를 제한할 수 있는 내용을 담고 있었다.

계엄법이 법률로 제정됨으로써 그에 따라 1952년 1월 28일 '계엄사령부 직제'에 관한 시행령이 제정되었다. 시행령 제1조는 계엄사령관의 계엄사무를 집행하고 지휘 감독하는 규정이며, 제2조는 계엄사령관을 보좌할 부사령관 1인을 두는 규정이다. 제3조는 계엄사령부의 직제로서 행정과, 법무과, 동원과, 치안과를 설치하도록 하였으며, 과장은 현역장교 또는 문관 중에서 국방부장관이 임명한 규정이다. 제4조는 계엄사령부를 자문할 계엄위원회 설치와 그 조직(위원장 1인, 부위원장 1인, 위원 10인)을 규정하였다.

지금까지 11차례의 계엄령 선포에서 계엄위원회가 설치된 사례는 많지 않다. 1964년 6·3항쟁 당시 비상계엄을 선포한 박정희는 계엄위원회를 설치하여 운용하였다.[6] 그리고 1979년 박정희가 사망하면서 선포된 비상계엄에서 최규하 대통령권한대행이 계엄위원회를 설치하여 실질적으로 자문역할을 하였다. 현행 '계엄사령부 직제'에도 계엄위원회 설치를 규정하고 있다.

1949년 11월 24일 제정된 계엄법은 32년 동안 한 번도 개정되지 않고 유지되었으나, 전두환이 정권을 잡은 1981년 4월 17일 전부 개정되었다. 계엄법의 전부 개정 이유는 시대와 상황이 너무 변화되어 계엄법의 내용이나 체계가 현실에 부합하지 않기 때문에 내용을 보완

---

6 ▲위원장 민기식 대장 ▲부위원장 김계원 중장, 위원 ▲위원= 김득황(내무차관), 강서룡(국방차관), 권오병(법무차관), 홍종철(문교차관), 노석찬(공보차관), 주재황(서울형사지법원장), 서주연(서울지검검사장), 김대만(서울시제2부시장), 이병두(중앙정보부차장)(『경향신문』, 1964년 6월 8일).

하여 업무의 효율성을 높인다는 것이다.

1981년 개정된 계엄법의 가장 큰 변화는 지방 관할 군사책임자가 선포할 수 있었던 '임시계엄'의 삭제이다. 이는 계엄 선포의 난립을 막고 대통령에게만 선포권을 부여하기 위함이다. 계엄의 종류를 비상계엄과 경비계엄으로 구분하고, 선포요건을 구체적으로 명시하였다(제2조 계엄의 종류와 선포). 대통령이 계엄을 선포하거나 변경하고자 할 때에는 국무회의 심의를 거쳐야 하며(제2조 제5항), 국방부장관과 내무부장관이 국무총리를 거쳐 대통령에게 계엄의 선포를 건의할 수 있도록 규정하였다(제2조 제6항). 계엄업무를 위한 조직과 대통령의 지휘·감독권을 명확히 하였다(제5조, 제6조). 계엄사령관이 국민의 기본권에 대하여 특별한 조치를 할 수 있는 경우를 한정하고(제9조), 비상계엄지역에서 작전상 부득이 국민의 재산 피해에 대하여는 정당한 보상을 하도록 하였다(제9조 제4항).

현행 계엄법의 제2조 제5항 '국무회의 심의를 거쳐야 한다'는 규정은 헌법 개정에 따른 조치이다. 제1공화국과 제2공화국에서 국무회의는 의결기구였다. 5·16쿠데타로 정권을 탈취한 박정희는 제3공화국 헌법에 국무회의를 심의기구로 변경, 계엄법에서도 '의결'을 '심의'로 개정하였다.

계엄법이 전부 개정되면서 '계엄사령부 직제'에 관한 시행령도 1981년에 기존 제4조의 구성을 제9조로 확대하여 전부 개정하였다. 계엄사령부 직제에 관한 시행령의 개정에서 가장 두드러진 것이 제7조 '합동수사기구'와 제8조 '합동수사기구의 업무분장' 등이 새롭게 규정되었다. 합동수사본부는 계엄지역이 2개 이상의 도(서울특별시와 직할시를 포함)에 걸칠 때는 설치할 수 있으며, 합동수사단장은 경비계엄일 경우 국방부장관이 임명하고 비상계엄일 경우에는 대통령이 임명하도록 하였다. 계엄지역이 1개 도에 국한되는 경우 합동수사단을 설치할 수 있으며, 합동수사단장은 계엄사령관이 임명하였다. 또한 계엄지역이 2개 이상의 도(서울특별시와 직할시를 포함)에 걸치는 경우에는 지구계엄사령부 또는 지역계엄사령부를 설치할 수 있으며, 지구계엄사령관·지역계엄사령관 등은 계엄사령관이 임명하도록 하였다.

1981년 계엄법은 전부 개정되었다. 이후 네 차례의 개정이 있었으나, 자구 수정, 정부 부처의 명칭 변경 이외의 내용상 변화는 없었다. '계엄사령부 직제'에 관한 시행령도 마찬가지로 1981년에 전부 개정되었고, 이후 몇 차례 개정을 통해 계엄 선포로 인한 재산의 파괴 또는 소각에 대한 보상이 추가되었다.

2
계엄의 선포와 해제

1) 계엄 선포의 요건

계엄 선포 요건에서 가장 큰 변화는 헌법이다. 제헌헌법에서 계엄 선포권은 대통령의 권한이었지만, 국무회의 의결을 거쳐야 했다. 제2 공화국은 의원내각책임제 통치구조이다. 대통령보다는 총리가 통치의 중심에 있었다. 계엄 선포권에 있어서도 대통령의 권한이냐 국무총리의 권한이냐를 두고 헌법 개정과정에서 논란이 있었다. 제2공화국의 계엄 선포는 "대통령은 국무회의 의결에 의하여 계엄을 선포한다"(제64조)고 규정함으로써 대통령의 권한으로 규정하였다. 그러나 이는 형식적 권한에 불과하다. 의원내각제에서 내각의 수반은 국무총리이고, 국무회의 의장도 국무총리이다. '국무회의 의결'이란 실질적 권한이 국무총리에게 있다는 의미이다. 다만, "계엄의 선포가 부당하다고 인정될 때에는 대통령은 국무회의 의결에도 불구하고 그 선포를 거부할 수 있다"(제64조)는 규정으로 내각의 계엄 선포 남용을 대통령이 통제할 수 있도록 하였다. 지금과 반대의 현상이다.

2024년 12·3비상계엄은 선포 당시 국무회의에서 계엄 선포에 관해 심의했느냐를 두고 논란이 있다. 한덕수 국무총리를 비롯한 몇몇 국무위원들은 12월 3일 국무회의가 형식적인 절차와 요건을 갖추지 않았다고 말하였다. 현행 헌법 제89조에 따르면 계엄 선포와 계엄 해제는 국무회의의 심의를 거쳐야 한다. 심의란 "심사하고 토의함"이라고 정의하고 있다. 좀 더 구체적으로 보면, 어떤 안건이나 일을 자세히 조사하고 논의하여 결정한다는 의미이다. 그런데 12월 3일 당시 국무회의는 대통령 한 사람의 일방적인 요구와 주장에 의해 비상계엄 선포에 이르렀다. 즉 '심의'의 의미가 행정부 수반인 대통령에 의해 멋대로 결정되었다는 것을 자인하고 있다.

이러한 근원에는 1961년 5·16쿠데타 이후 제정된 제3공화국 헌법(헌법 제4호)이 기초하고 있다. 제1공화국과 제2공화국에서 국무회의는 의결기구였고, 국무회의는 국무위원 과반수 찬성으로 의안이 의결되었다. 대통령의 무소불위 권한을 국무위원이 견제하려는 조치이며, 국무회의의 집단적 책임성을 규정하였다.

그러나 제3공화국부터 현재 제6공화국까지 국무회의는 심의기구이다. 박정희는 1961년 5·16쿠데타를 일으키고 나서 헌법을 개정했고, 개정된 제3공화국 헌법에서 국무회의를 심의기구로 전락시켰다. 이는 국무위원이 대통령의 뜻에 따르지 않는 행위를 미리 방지하려는 조치였다. 박정희는 무소불위의 권력을 행사하는 데 방해 요소를 차단하기 위해 국무회의를 심의기구로 탈바꿈시켰다. 제3공화국 이후 국무회의의 심의는 대통령의 요식행위로 자리했으며, 그 사례는 박정희 정권 내내 그러했고, 이번 12·3비상계엄 선포에서도 여실히 드러났다.

헌법 제77조 제1항에는 "대통령은 전시·사변 또는 이에 준하는 국가 비상사태에 있어서 병력으로써 군사상의 필요에 응하거나 공공의 안녕질서를 유지할 필요가 있을 때에는 법률이 정하는 바에 의하여 계엄을 선포할 수 있다"고 계엄 선포 요건을 규정하고 있다.

계엄법에는 계엄 종류를 비상계엄과 경비계엄으로 구분하였고, 계엄의 종류에 따라 계엄 선포의 요건도 달랐다. 비상계엄은 "대통령이 전시·사변 또는 이에 준하는 국가 비상사태에 있어서 적과 교전상태에 있거나 사회질서가 극도로 교란되어 행정 및 사법 기능의 수행이 현저히 곤란한 경우에 군사상의 필요에 응하거나 공공의 안녕질서를 유지하기 위하여 선포한다"고 규정하였다.

경비계엄은 "대통령이 전시·사변 또는 이에 준하는 국가 비상사태에 있어서 사회질서가 교란되어 일반 행정기관만으로는 치안을 확보할 수 없는 경우에 공공의 안녕질서를 유지하기 위하여 선포한다"고 규정하고 있다. 비상계엄 요건에서 '적과 교전상태'란 "현대전의 경우 총력전이기 때문에 시야에 나타나는 외형적 방법 만에 의한 적의 직접적인 포위공격만을 뜻하는 것이 아니라, 고도의 정치성과 군사상·기술상의 개념을 내포하는 특징을 갖는 것이다"고 대법원은 폭넓게 해석하고 있다.[7]

헌법과 계엄법의 규정에는 사회질서가 극도로 교란되어 공공의 안녕질서를 유지하기 위하여 군사상 필요할 때 계엄을 선포할 수 있다는 것이다. 이는 곧 국가 비상사태라고 하여도 경찰력만으로도 공공의 안

---

7 대판 64초4(1964년 7월 21일).

녕질서를 유지할 수 있다면 계엄을 선포할 수 없다는 것이다.

계엄 선포 절차

계엄 선포의 절차적 요건을 보면, 계엄 선포의 요건에 해당하는 사유가 발생하면 국방부장관 또는 행정안전부장관이 국무총리를 거쳐 대통령에게 계엄 선포를 건의할 수 있다(계엄법 제2조 제6항). 대통령은 계엄 선포를 위해 국무회의의 심의를 거쳐야 한다(헌법 제89조). 그리고 국회에 통보하여야 한다. 12·3비상계엄에서 김용현 국방부장관이 한덕수 국무총리를 거쳐 대통령에게 계엄 선포를 건의했는지 따져봐야 한다. 한덕수 국무총리는 국회에서 12·3 국무회의는 형식이나 절차를 거치지 않았다고 하였다. 이는 국방부장관이 국무총리를 거치지 않고 대통령에게 직접 계엄 선포를 건의했고, 국무회의 심의도 제대로 이루어지지 않았다고 해석할 수 있는 대목이다. 국회 통보도 이루어지지 않았다. 명백한 위헌이며 위법이다.

2) 계엄의 효력

계엄의 효력은 계엄의 종류에 따라 구분된다. 경비계엄은 선포와 동시에 계엄사령관이 계엄지역 내의 군사에 관한 행정사무와 사법사무를 관장한다. 경비계엄이 선포된 지역 내의 군사에 관한 행정사무와 사법사무를 담당하는 기관은 지체없이 계엄사령관의 지휘·감독을 받는다. 경비계엄은 공공의 안녕질서를 회복하기 위한 소극적인 치안유지를 목적으로 선포되는 것이기 때문에 헌법과 법률에 따르지 아니한 특별 조치로서 국민의 자유와 권리를 제한할 수 없으며, 군사법원의 재판관할권도 확대되지 않는다.

비상계엄은 국가기관의 권한에 관해서나 국민의 자유나 권리에 관하여 특별한 조치를 취할 수 있다. 헌법 제77조 제3항은 "비상계엄이 선포된 때에는 법률이 정하는 바에 의하여…… 정부나 법원의 권한에 관하여 특별한 조치를 할 수 있다"고 규정하고 있다. 비상계엄이 선포되면 계엄법 제7조 제1항에 의하여 계엄사령관이 계엄지역 내의 모든 행정사무와 사법사무를 관장한다.[8] 당해 지역 내의 행정기관과 사법기관은 지체없이 계엄사령관의 지휘·감독을 받는다. 그리고 계엄법상 열거된 범죄는 군사법원에서 재판한다.[9] 즉 군사법원은 내란죄·외환죄 등 계엄법 제10조 제1항에 열거된 13가지 유형의 범죄에 관하여 재판하며, 계엄법 제10조 제2항에 의하여 비상계엄지역 내에 법원이 없거나 관할법원과의 교통이 차단되었을 때 모든 형사사건에 관한 재판을 담당한다.[10] 그러나 계엄 선포 전·후에 행해진 일반 국민의 범

---

8 사법사무는 원칙적으로 법원의 재판을 제외한 사법경찰·검찰·형집행 사무를 말한다.
9 대법원은 군사법원의 관할에 대하여 "군법회의의 재판권은 비상계엄 선포 후 범죄행위에 국한하는 것이 아니라 그 전후를 통하여 비상계엄 선포가 있는 지역내에 있는 범죄이면 군법회의에 재판권이 있다"라고 밝혔다(대판 64초4(1964년 7월 24일)).
10 비상계엄령 아래서 군사재판은 군인·군무원의 범죄나 군사에 관한 간첩죄의 경우와 초병·초소·유독음식물공급·포로에 관한 죄 중 법률이 정한 경우에 한하여

죄에 대하여 군사법원의 재판관할권에 대해서는 논란이 있다.[11] 이 경우 대법원은 군사법원의 재판관할권을 인정하였다.

비상계엄은 국가기관에 대하여 특별 조치를 할 수 있을 뿐만 아니라 국민의 기본권에 대해서도 특별한 조치를 취할 수 있다. 헌법 제77조 제3항은 "비상계엄이 선포된 때에는 법률이 정하는 바에 의하여 영장제도, 언론 · 출판 · 집회 · 결사의 자유에 관하여 특별한 조치를 할 수 있다"고 규정하여 국민의 기본권 제한 가능성을 규정하고 있다. 이 조항에 근거하여 계엄법 제9조는 한 걸음 더 나아가 "비상계엄지역 안에서 계엄사령관은 군사상 필요한 때에는 체포·구금·압수·수색, 거주·이전, 언론·출판·집회·결사 또는 단체행동에 대하여 특별한 조치를 할 수 있다"고 규정하여 국민의 기본권이 상당하게 제한받을 수 있도록 하고 있다.[12]

경비계엄이건 비상계엄이건 어느 경우라도 국회의원은 현행범의 경우를 제외하고는 체포 또는 구금되지 아니한다(계엄법 제13조). 계엄은

단심으로 할 수 있다. 다만 사형선고의 경우는 헌법 제110조 제4항에 의하여 예외로 한다.

11 학계는 이 경우 군사법원의 재판관할권을 부여하는 것은 문제가 있다고 비판하고 있다. 즉 군법회의는 비상계엄 선포 전의 계엄지역에서의 범죄행위에 대하여 일반법원의 기능이 마비되어 사실상 재판기능을 감당할 수 없는 비상사태 내지 예외적 상황에 한하여 재판관할권을 가질 뿐이라는 것이다(최승환, 「계엄의 법률적 문제점에 대한 고찰」, 성균관대학교 교육대학원 석사논문, 2012, 17쪽 재인용).

12 이에 대하여 합헌설과 위헌설이 나뉘고 있다. 합헌설은 헌법의 규정이 예시적 규정이기 때문에 법률로 확대 가능하다는 것이고, 위헌설은 헌법의 규정에 따라 법률에 그 내용을 엄격하게 규정해야 한다면 헌법의 범위를 벗어나면 위헌이라고 봤다(김철수, 『헌법학개론』, 박영사, 2009, 1239쪽).

비상사태에서 행정사무와 사법사무를 관장하여 사회공공질서 유지 및 회복하려는 조치이다. 대통령은 계엄을 악용할 우려가 있기에 이를 통제할 장치가 필요하다. 이것이 국회의원의 역할이다.

3) 계엄의 해제

계엄 선포 이후 계엄 선포의 원인이 해결되면 계엄을 해제해야 한다. 현행 계엄법 제11조에는 "계엄 상황이 평상상태로 회복되거나 국회가 계엄의 해제를 요구한 경우에는 지체없이 계엄을 해제하고 이를 공고하여야 한다"고 규정되어 있다. 계엄령은 비상사태의 조치로서 비상사태가 평상상태로 회복되면 대통령은 국무회의 심의를 거쳐 계엄을 해제하여야 한다. 평상상태 회복은 해석하기 나름이다. 말인즉 현행 헌법과 계엄법에는 계엄 기간에 관한 규정이 없다. 단지 계엄법에서 계엄의 이유, 종류, 시행일시와 계엄지역, 사령관을 공고하도록 규정하고 있을 뿐이다.

긴급상황에 대한 계엄의 경우 국민의 권리와 국가기관의 작용을 제한할 수 있는 긴급권이란 점에서 그 행사는 일정한 기간 설정이 필요하다. 예컨대 박정희의 5·16쿠데타 이후 비상계엄은 1962년 12월 5일 해제되었다. 비상계엄 상태가 1년 7개월간 지속되었다. 대다수 국가는 국가긴급권을 발동하는 경우 그 기간을 명시하고 있기에 이에 대한 고려가 필요하다. 프랑스는 계엄에 관하여 정부가 주도하나, 계엄 이후 13일부터는 의회가 이를 통제한다.[13] 정부가 취한 계엄을 엄격히 통제하려는 조치이다.

계엄 선포 요건인 비상사태가 평상상태로 회복되거나, 국회의 재적의원 과반수 찬성으로 계엄의 해제를 요구할 때는 대통령은 지체없이 국무회의의 심의를 거쳐 계엄을 해제하고 이를 공고하여야 한다(헌법 제77조 제5항, 제89조 제5호, 계엄법 제11조).

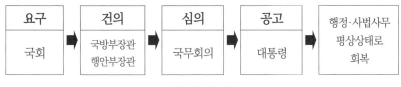

계엄 해제 절차

계엄은 비정상적인 예외 상태이다. 대통령 한 사람의 통치행위에 대한 통제권이 절대적으로 필요하다. 그런 점에서 우리 헌법은 국민의 대의기관인 국회에 계엄 통제권을 두었다. 국회가 재적의원 과반수의 찬성으로 계엄 해제를 요구하면 대통령은 반드시 계엄을 해제하여야 한다. 12·3비상계엄 선포 당시 국회의 계엄 해제 결의안을 막고자 계엄군이 투입되었던 사실을 상기하면 된다.

계엄이 해제되면 해제된 날로부터 행정사무와 사법사무는 평상상태로 되돌아간다. 그렇지만 계엄의 해제는 사태의 호전에 따른 조치이기 때문에 계엄이 해제되었다고 하여도 계엄 아래에서 행해진 계엄 포고 위반의 죄는 계엄 해제 이후에도 행위 당시의 법령에 따라 처벌된

---

13 프랑스 헌법 제36조 제1항은 "계엄령은 국무회의에서 법령으로 제정 발표하며, 그 연장은 국회(하원, 상원)의 승인을 받아야 한다"라고 규정하고 있고, 제2항에서 "계엄기간이 12일을 초과하는 경우 의회만이 그 연장을 승인할 수 있다"라고 규정하고 있다(고문현·고문철, 「계엄에 관한 연구」, 『법학논총』47, 2020, 529쪽).

다.[14] 계엄 해제의 효과에 있어서 계엄법 제12조 제2항에 의하여 비상계엄 시행 중 군사법원에 계속 중이던 재판사건의 관할은 비상계엄 해제와 동시에 일반법원의 관할로 바뀐다. 그러나 대통령이 필요하다고 인정할 때는 군사법원의 재판권을 1개월 이내에만 연기할 수 있도록 하였다.[15]

비상계엄은 국가 위기 상황에 대처하는 데 필요한 수단일 수 있지만, 그 발동은 신중하게 이루어져야 한다. 그리고 그 기간도 최소화되어야 한다. 비상계엄의 선포는 국민의 기본권을 제한하고 민주주의와 법치주의를 훼손할 수 있으므로, 엄격한 법적 요건과 절차에 따라 제한적으로 이루어져야 한다. 또한 비상계엄의 목적은 국가의 안보와 사회 공공질서 유지에 있어야 하며, 정치적 목적이나 권력 유지를 위한 수단으로 악용되어서는 안 된다.

---

14 대판 81도1045(1985.5.28.).

15 이에 대해서는 국민의 재판청구권을 침해하는 것은 아닌지 논란이 있다. 판례의 입장은 합헌이라고 보며(대판 81도1045(1985.5.28.)), 학계는 위헌이라고 본다(김도창, 「비상계엄 해제 후 군법회의 재판권 연장의 위헌성 여부」, 『행정판례연구』2, 1996, 325쪽).

2장

이승만과 계엄 그리고 독재시작

1
계엄령의 첫 선포, 여순항쟁

1) 10월 22일 계엄령

여순항쟁은 1948년 10월 19일 여수군 신월리에 주둔한 제14연대 일부 군인들이 국가의 제주4·3항쟁 진압 명령을 거부하며 시작되었다. 제14연대 군인들은 제주도출동거부병사위원회를 구성하고 성명을 발표하였다.

우리들은 조선 인민의 아들 노동자, 농민의 아들이다. 우리는 우리들의 사명이 국토를 방위하고 인민의 권리와 복리를 위해서 생명을 바쳐야 한다는 것을 잘 안다. 우리는 제주도 애국인민을 무차별 학살하기 위하여 우리들을 출동시키려는 직전에 조선 사람의 아들로서 조선 동포를 학살하는 것을 거부하고 조선 인민의 복지를 위하여 총궐기하였다.
1. 동족상잔 결사반대   2. 미군 즉시 철퇴[16]

---

16 『동아일보』, 1948년 11월 30일.

여순항쟁[17]이 발발하자 정부는 10월 21일 곧바로 광주에 반군토벌전투사령부를 설치하고 국방부 총사령관 송호성을 사령관으로 임명하여 토벌작전을 수행하였다.[18] 10월 22일 여수와 순천에 계엄령이 선포되었다. 이 계엄령은 군경에게 무법천지의 불법을 용인하였고, 이는 곧 수많은 민간인 학살로 이어졌다.

여순항쟁 당시 첫 계엄령 선포의 날짜에 대해서는 다소 논란이 된다. 국무회의 의결을 거친 계엄 선포는 1948년 10월 25일이지만, 그 이전인 10월 22일 여수군과 순천군에 이미 계엄이 선포되었기 때문이다. 대통령에 의한 계엄 선포도 아니고, 국무회의 의결도 없이 선포된 10월 22일 계엄령의 실체는 무엇일까. 그것에 대해 먼저 살펴보자.

제헌헌법 제64조에 "대통령은 법률의 정하는 바에 의하여 계엄을 선포한다"고 규정되어 있다. 계엄은 대통령의 권한이지만, 계엄 선포는 대통령이 법률에 따라 시행할 수 있다고 헌법에 규정하였다. 여순항쟁 당시 선포된 계엄령 논란의 중심에는 계엄법이 제정되지 않았다는 것이다. 또한 10월 22일 계엄령을 누가 선포했는지도 논란이다. 즉 10월 22일 여수와 순천에 선포된 계엄령은 대통령이 선포하지 않았다는 것이다. 현재 정설은 제5여단 여단장 김백일 중령 명의의 계엄 선포이다.

---

17 여순항쟁과 관련한 자세한 내용은 주철희의 『동포의 학살을 거부한다』, 『불량국민들』, 『주철희의 여순항쟁 답사기』1-2 등을 참조.

18 육군 총사령부가 10월 21일 자로 광주에 파견한 장교는 준장 송호성(군번 10156), 소령 박정희(10166), 대위 이상국(10236), 대위 한신(10183), 소위 이수영(11629), 중령 김백일(10055), 소령 위재하(10066) 등이며, 이외에도 통역병과 운전병이 파견되었다(통위부조선경비대총사령부, 「출장명령44호」; 「출장명령45호」).

헌법에 따르면 계엄 선포권은 대통령의 권한이다. 만약 제5여단장 김백일이 계엄을 선포했다면, 일개 여단장이 계엄을 선포한 근거는 무엇이며, 어떻게 선포할 수 있었는가 살펴봐야 한다. 여순항쟁이 발발하자 정부와 미임시고문단은 10월 21일 반군토벌전투사령부를 광주에 설치하고 국방부 총사령관 송호성을 사령관으로 임명하였다. 송호성, 김백일, 박정희 등이 국방부로부터 출장 명령을 받은 날이 10월 21일이며, 송호성이 광주에 도착한 날은 같은 날 오후 1시경이다.

정부와 미임시고문단에 의해 10월 21일 반군토벌전투사령부가 설치되고 사령관이 존재하는데 10월 22일 여단장이 독단적으로 계엄을 선포했다는 것은 이해하기 어렵다. 아울러 10월 25일 국무회의 공고에서는 계엄사령관에 호남방면사령관이라고 명시되어 있다. 김백일은 당시 제5여단[19] 여단장으로 호남방면사령관이 아니다. 그렇다면 호남방면사령관은 누구인가?

호남은 전남과 전북을 통칭한 명칭이다. 전남은 광주에 주둔한 제5여단이 관할하였고, 그 예하부대는 광주의 제4연대와 여수의 제14연대이다. 전북에는 전주의 제3연대와 군산의 제12연대가 주둔하였는데,

---

[19] 1948년 10월 당시 육군은 5개 여단(旅團)체제로 구성되었다. 육군의 여단체제는 1949년 5월 12일 사단(師團)체제로 승격되었다. 1948년 10월 기준 여단,

여단	주둔지	예하부대(주둔지)
제1여단	서울	제1연대(서울), 제11연대(수원), 제13연대(온양)
제2여단	대전	제2연대(대전), 제3연대(전주), 제12연대(군산)
제3여단	부산	제5연대(부산), 제6연대(대구), 제15연대(마산)
제4여단	청주	제7연대(청주), 제8연대(춘천), 제10연대(강릉)
제5여단	광주	제4연대(광주), 제9연대(제주), 제14연대(여수)

제3연대와 제12연대는 대전에 주둔한 제2여단의 예하부대이다. 호남을 하나로 통합하는 군부대 조직이 존재하지 않았기 때문에 호남방면 사령관이 누구인지 알 수 없다.

10월 22일 여수군과 순천군에 선포된 계엄을 이승만 대통령도 알고 있었다. 이승만은 10월 22일 담화에서 "외전은 남한 일대에 계엄령을 실시 중이라고 말하지만, 현재 반란이 완전 진압될 때까지 여수와 순천 등 반란지역에 한해서만 계엄령을 실시 중이다"면서 비상조치를 현지 사령관이 선포했다고 밝혔다.[20]

현지사령관이 선포한 계엄령은 대통령의 권한을 침해한 것이다. 그러하기에 이승만 대통령은 10월 25일 국무회의 의결을 거쳐 대통령령 제13호로 여수 및 순천지역을 합위지경合圍地境으로 정하고 계엄을 시행할 것을 선포하면서 사후 승인하였다.[21] 계엄사령관에는 호남방면 사령관을 임명하였다.

10월 22일 이승만의 담화를 보면 대통령이 여수와 순천에 계엄령 실시 중이라는 것을 알고 있었기에 이승만이 깊이 개입되어 있을 가능성이 크다. 이러한 일련의 상황에서 10월 25일 국무회의에서 의결 절차를 거쳐 계엄 선포를 사후 조치하였다는 것이 일반적인 정설이다. 그렇다면 현지 사령관의 10월 22일 계엄령은 어떤 근거를 바탕으로 선포되었던 것일까?

1949년 11월 24일 제정된 계엄법과 계엄법 제정과정에서 논의된

---

20 『조선일보』, 1948년 10월 23일. ; 『동아일보』, 1948년 10월 23일.
21 대한민국, 『관보』, 1948년 10월 25일 제10호.

사항을 살펴보면 이야기는 달라질 수 있다. 1949년 11월 24일 제정된 계엄법(법률 제68호)에는 현재 계엄법에 존재하지 않은 '임시계엄 선포' 규정이 있다. 당시 계엄법 제6조는 "제3조(경비계엄)와 제4조(비상계엄)의 경우에 교통, 통신의 두절로 인하여 대통령의 계엄 선포를 기다릴 여유가 없을 때에는 당해 지방의 관할하는 좌(左)의 군사책임자가 임시로 계엄을 선포할 수 있다"고 규정되어 있다. 지방의 관할하는 군사책임자는 "1. 특명의 사령관, 2. 군사령관, 3. 사단장, 4. 병단장, 5. 요새사령관, 6. 위수사령관인 독립단대장, 7. 함대사령장관, 8. 함대사령관, 9. 통제부사령장관, 10. 경비부사령관, 11. 전 각호의 제관과 동등 이상의 권한 있는 군대 지휘관" 등이다.

임시계엄이란 경비계엄이나 비상계엄을 선포해야 할 정도의 급박한 상황에서 교통, 통신의 두절로 대통령의 계엄 선포를 기다릴 여유가 없을 때 지방 군사책임자가 선포하는 계엄이다. 10월 22일 선포한 계엄령은 임시계엄일 가능성이 크다. 임시계엄을 선포한 김백일이 국방부장관에게 보고하였고, 이는 이승만 대통령에게도 보고되었을 것으로 짐작된다. 현지사령관의 보고를 받은 대통령이 계엄을 추인하지 않을 경우 현지사령관은 즉시 계엄을 해제해야 한다. 이러한 점을 고려하여 10월 25일 국무회의의 의결을 거쳐 추인했던 것으로 보인다.

현지사령관이 여수와 순천에 선포한 임시계엄의 양태는 계엄법 제정 이전에 다른 지역에서도 나타난다. 예컨대 남원지구사령관은 11월 1일 0시부터 남원지구에 계엄령을 발포하여 폭동을 미연 방지하고자 했으며,[22] 호남방면 작전군사령관은 11월 5일 전라남북도 지역에 통신제한 계엄령을 선포하였다가 11월 11일 오전 8시에 해제하였다.[23]

해군 군산기지사령관도 군산기지내 해상의 선박 입출항을 통제하는 계엄을 선포했고,[24] 경남 함양·산청지구에 제3여단 제5연대 장도영 중령 명의로 1949년 1월 22일 계엄을 선포했다가 2월 3일 해제한 경우가 있다.[25]

이처럼 여순항쟁 당시 임시계엄 선포는 1949년 11월 24일 제정된 계엄법의 조항에 담겼던 것으로 짐작된다.[26] 대체로 당시 현지 사령관으로 김백일을 지목한다. 김백일은 어떤 근거로 임시계엄을 선포했던 것일까? 김백일은 만주군 출신이며, 더욱이 간도특설대에서 활동한 인물이다. 1931년 만주사변으로 만주를 점령한 일제는 괴뢰국 만주국을 건국하여 통치하였다. 만주국 군인으로서 김백일은 만주지역에 선포된 계엄령을 직간접적으로 경험하였다. 즉 만주에서 선포된 계엄령은 대부분 해당 지역 사령관에 의한 지역 계엄이었다. 이러한 역사적 경험으로 10월 21일 제5여단장으로 부임한 김백일은 10월 22일 여수군과 순천군에 지역 계엄을 선포했던 것으로 추정된다.

---

22 『평화신문』, 1948년 11월 3일.

23 『서울신문』, 1948년 11월 14일, 17일.

24 『조선중앙일보』, 1949년 1월 13일.

25 『부산일보』, 1949년 2월 8일.

26 제7조 전조의 규정에 의하여 임시로 계엄을 선포한 자는 지체없이 국방부장관에게 상신하여 대통령의 추인을 받아야 한다. 전항의 경우에 대통령이 추인하지 아니할 때에는 임시로 계엄을 선포한 자는 즉시 그 해제를 선포하여야 한다.

2) 계엄령, 10월 25일 국무회의 의결

1948년 10월 25일 국무회의는 여수군과 순천군에 대통령령 제13
호 계엄을 선포하였다. 계엄령을 선포할 때는 계엄령 선포 이유, 종류,
시행일시, 시행지역, 계엄사령관을 공고하게 되어 있다.[27]

『관보』제10호(대통령령제13호), 1948년 10월 25일

대통령령

국무회의의 의결을 거쳐서 제정한 계엄 선포에 관한 건을 이에 공포한다.

대통령 이승만

단기 4281년 10월 25일

〈국무위원 생략〉

대통령령 제13호

계엄 선포에 관한 건

여수군 및 순천군에서 발생한 군민軍民 일부에 반란을 진정하기 위하여 동지구를 합위지경으로 정하고 본령 공포일로부터 계엄을 시행할 것을 선포한다.

1948년 10월 25일 『관보』에 나타난 계엄 선포의 이유는 여수군과 순천군에서 발생한 군민 일부의 반란을 진정하기 위함이라고 밝히고 있다. 계엄 종류는 합위지경이다. 현행 계엄법에서 계엄의 종류는 경비계엄과 비상계엄으로 구분한다. 여순항쟁 당시에는 합위지경이라고 했다. 계엄법이 제정되지 않았기에 일제강점기 계엄령을 인용한 것이다. 일제의 계엄령에는 임전지경과 합위지경으로 계엄령을 구분하였다. 임전지경은 경비계엄에 해당하고 합위지경은 비상계엄에 해당한다고 볼 수 있다. 계엄 시행일시는 10월 25일부터이며, 계엄지역은 여수군과 순천군이다. 『관보』에는 계엄사령관을 지명하지 않았다.

국무회의에서 계엄령이 의결되면서 그에 따라 계엄사령관의 포고령이 발포되었다. 포고문에 해당한 '고시'를 보면,

여순지구 계엄령 고시

계엄고시

대통령령으로 단기 4281년 <u>10월 25일 순천, 여수지구에 임시계엄이 선포</u>되고 따라서 해 작전지구일대내 지방 행정사무 및 사법사무로서 군사에 관계있는 사항은 직접 본관이 관장하며 특히 군사에 관계있는 범죄를 범한 자는

군민軍民을 막론하고 군법에 준거하여 엄벌에 처할 것을 이에 고시함.

　4281년 10월 26일
　대한민국호남방면사령관[28]

　대통령령 제13호에는 계엄의 종류를 '합위지경'이라고 했는데, 고시문에는 '임시계엄'이라고 하였다. '합위지경'과 '임시계엄'은 상당한 차이가 있다. 단순한 착오라고 할 수 있지만, 계엄법이 제정되지 않은 상황에서 계엄에 대한 인식의 차이가 있었던 것으로 짐작된다. 즉 호남방면사령관은 임시계엄을 전국 계엄이 아닌 지역 계엄으로 인식했을 가능성도 있다. 그리고 계엄고시에는 계엄사령관이 작전지구 일대의 지방 행정사무 및 사법사무로 관장하며, 이를 위반할 때 엄하게 벌한다고 하였다.

　『관보』에는 계엄사령관이 누구인지 적시되지 않았는데 고시문에는 '대한민국호남방면사령관'이라고 명기하였으나, 호남방면사령관이 누구인지는 알 수 없다. 계엄령이 선포된 시점에 반군토벌전투사령부가 설치(10월 21일)되었지만, 호남방면사령부는 존재하지 않은 기구이다. 호남방면사령부는 반군토벌전투사령부가 해체된 10월 30일에 설치된다. 국가 비상사태에 준하여 계엄령을 선포했지만, 어느 것 하나 명확하지 않다. 이러한 애매한 계엄령 선포는 법률이나 규정에 따른 것이 아니라 현지 계엄사령관의 직간접적인 경험에 따라 계엄이 이루어졌다는 증거라고 할 수 있다.

---

28 『동광신문』, 1948년 10월 28일.

10월 25일 여수군과 순천군에 선포된 계엄령은 11월 1일 전남과 전북지역으로 확대되었다. 계엄령의 확대 조치이다. 계엄이 변경되었지만, 이 또한 국무회의에서 의결되지 않았다. 대통령도 계엄령 확대 조치에 대해 어떠한 언급도 없었다. 그런데도 호남방면사령관 원용덕은 포고문을 발표한다.

포고문

1. 전라남북도는 계엄지구이므로 사법 급及 행정 일반은 본 호남방면군사령관이 독할함

1. 관경민은 좌기 사항을 철저히 준수 이행할 것을 명령함

   1) 관공리는 직무에 충실할 것

   2) 야간통행시 제한은 20:00시부터 5:00시로 함

   3) 각 시·군·동·리에서는 국군주둔시 혹은 반도 반거蟠居 접근지역에서는 항상 대한민국기를 게양할 것

   4) 대한민국기를 제식대로 작성하여 게양하며 불규 남루한 국기를 게양하는 경우에는 국가민족에 대한 충실이 부족하다고 인정함

   5) 반란분자 혹은 선동자는 즉시 근방 관서에 고발할 것

   6) 폭도 혹은 폭도가 지출한 무기·물기·금전 등을 은닉 우叉는 허위보고치 말 것

   7) 군사행동을 추호라도 방해하지 말 것

   이상 제항에 위반하는 자는 군율에 의하여 총살에 즉결함.

   단기 4281년 11월 1일 호남방면사령관 원용덕元容德

10월 25일 『관보』에는 계엄사령관이 적시되지 않았으나, 10월 25

일 고시문에는 '호남방면사령관'이란 직책이 표기되어 있다. 다만 호남방면사령관이 누구인지 알 수 없었다. 11월 1일 전라남·북지역으로 계엄이 확대 조치된 포고문에는 호남방면사령관을 원용덕이라고 정확하게 밝히고 있다. 11월 1일 전라남·북지역으로 확대한 계엄령은 국무회의 의결을 거치지 않았지만, 이승만 대통령의 묵인 아래 현지 사령관에 의해 내려졌을 가능성이 크다.

원용덕이 발표한 포고문에는 '반란'에 가담했거나 동조자라고 단정하기에는 어려운 사항이 있다. 예컨대 '관공리의 직무 충실', '야간통행 제한', '대한민국기 게양', '군사행동 방해 금지' 등의 위반자이다. 이러한 위반자까지 군율에 의하여 총살에 즉결한다고 했다. 이에 따라 수많은 민간인이 즉결처형되었거나 군법회의에 회부되었다. 민간인에 대한 군법회의는 광주, 여수, 순천 등에서 9차례 진행되었다. 대략 2,900명 정도가 호남계엄지구 군법회의에 회부되어 재판을 받았다. 군법회의에서 사형이 언도된 사람은 1949년 1월 말까지 처형이 이루어졌고, 징역형을 선고받은 사람은 형무소 수감 중 한국전쟁이 발발하면서 대부분 처형되었다.

여순항쟁 당시 9차례 민간인의 군법회의에 대한 자료와 명부가 발굴되었다. 이 군법회의 자료에는 호남계엄지구사령관으로 '육군 중령 김백일'이라고 적시되어 있다. 앞서 11월 1일 전라남·북으로 계엄령이 확대 조치되었던 포고문에는 호남방면사령관으로 원용덕이라고 되었던 것과는 전혀 다른 기록이다.

당시 민간인의 군법회의는 전적으로 계엄령 선포에 따른 조치였다. 따라서 군법회의는 현행 군형법에 해당하는 국방경비법의 절차에 따라 진행되어야 하고, 국방경비법의 적용에 따라 유무죄를 판결해야 한다. 그런데 이들에게 주어진 범죄는 형법 제77조와 포고령 제2호 위반으로 내란 및 국권문란죄가 적용되었다. 형법은 일반법원에서 적용된 법 적용이다. 그리고 포고령 제2호는 1945년 9월 미군정이 남한에 주둔하면서 발표한 치안유지와 관련된 포고이다. 1948년 10월은 미군정기가 아니라 대한민국 정부 체제가 작동한 시기이다. 군법회의가 절차에서부터 법 적용까지 정상적으로 작동되지 않았다는 것을 알 수 있다.

한편, 군인과 민간인 중 주요 인물은 대전 육군중앙고등군법회의에 회부되었다. 여기에 회부된 인원은 정확하게 알 수 없지만, 미군 보고서에는 1948년 11월 29일까지 50명의 민간인을 포함한 총 1,700명이 재판을 받았으며, 이 가운데 866명은 사형선고를 받았고 이미 67명은 사형이 집행되었다. 무기징역은 150명이었으며 514명은 공소사실이 기각되었다. 나머지 혐의자 150명은 1년에서 20년 징역형을 선고받았다고 기록되어 있다.[29]

여순항쟁 당시 계엄은 일제 계엄령 구조나 개념을 가지고 계엄령을 선포하고 시행하였다. 당시 정부나 군, 사회 일반에서 계엄령에 대한 인식은 일제가 1882년 공포한 계엄령의 틀에 갇혀 있었다.[30]

첫째, 계엄령 선포 형식은 일본의 1882년에 제정된 계엄령 공포 형식을 그대로 준용하였다. 일본의 계엄 공포 형식은 ①계엄선고의 건

---

29 HQ, USAFIK, G-2 Periodic Report(한림대학교 아시아문화연구소, 주한미군 정보일지), 1948.12.4.(김춘수, 「여순사건 당시의 계엄령과 군법회의」, 『제노사이드연구』6, 2009, 127쪽 재인용).

30 일제강점기 계엄령과 비교는 김무용의 「한국 계엄령 제도의 역사적 기원과 변천에 관한 연구(1945~1953)」(한국연구재단, 2012, 7~8쪽)을 인용함.

(공문제목), ②공포날짜와 칙령 호수, ③공문내용(공포절차), ④어명어쇄御名御璽와 공포일, ⑤내각 총리대신 등의 부서副署, ⑥칙령호수와 공문내용(계엄실시 내용)으로 이루어져 있다. 여순항쟁 당시 계엄령 선포 형식도 ①계엄 선포에 관한 건(공문제목), ②선포날짜와 대통령령 호수, ③선포내용(공포절차), ④대통령 직인과 공포일, ⑤국무위원 등의 부서副署, ⑥대통령령 호수와 공문제목, 공문내용(계엄실시 내용)으로 이루어져 있다.

둘째, 계엄·계엄령의 체제나 구조에서도 일제 계엄령에 바탕을 두고 있다. 먼저 계엄 종류를 합위지경으로 설정한 점, 계엄지구에서 행정 및 사법사무는 계엄사령관이 독할하게 한 점, 계엄지구에서 일반 민간인에게도 군법회의에 회부한 점도 일본 계엄령의 내용에 근거한 것이다.

셋째, 계엄 내용도 여순항쟁에서 실시한 계엄령은 일제 계엄령에서 규정된 내용과 대체로 동일하였다. 당시 정부와 군 당국은 민사지도부, 민사처, 민정실 등을 설치하고 치안을 확보하고 피난민, 귀환자에게 양민증 발행하였다. 계엄사령부가 여순항쟁에서 시행했던 조치는 검열, 야간 통행금지, 교통차단과 일반여행 금지, 우편 및 전신 전화 등 통신 금지였다. 특히 계엄지구 내에서는 군경을 제외한 일반관민도 통행을 제한받았으며, 계엄사령부로부터 여행증명서, 신분증명서를 교부받아야만 다닐 수 있었다. 이러한 계엄실시 내용은 대체로 일제 계엄령 제14조에 규정된 계엄사령관의 집행 권한에 해당한다. 이는 제주 4·3항쟁의 계엄령 선포에서도 마찬가지이다.

3) 계엄령 해제에서 드러난 문제

여순항쟁으로 선포된 계엄은 1949년 2월 5일 해제되었다. 1949년 1월 29일 국무회의에서 이승만은 "여수순천지구 계엄령의 철폐를 요청하는 자가 다유多有하니 고려하여 주기 바란다"고[31] 말하였다.

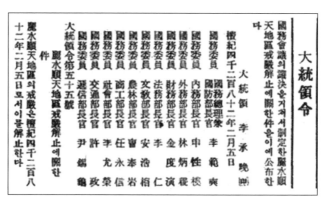

『관보』(대통령령제55호), 1949년 2월 5일

국무회의 의결을 거쳐서 제정한 여수순천지구 계엄 해지에 관한 건을 이에 공포한다.

대통령 이승만

단기 4282년 2월 5일

〈국무위원 생략〉

대통령령 제55호

여수순천지구 계엄해지에 관한 건

여수순천지구의 계엄은 단기 4282년 2월 5일로서 이를 해지한다.

---

31 국가기록원, 『국무회의록 보고에 관한 건』, 1949년 1월 19일.

1948년 11월 1일 전라남·북으로 계엄령이 확대되었다고 하는데, 계엄령 해제 문건에는 여수와 순천지구에만 계엄령을 해제하고 있다. 이 말인즉 11월 1일 호남방면사령관 원용덕이 선포한 계엄령은 존재하지 않았다는 것이다. 만약 원용덕이 임시계엄을 선포했다면, 즉시 국방부장관에게 상신하고 대통령이 추인해야만 그 효력이 있다. 원용덕은 어떤 근거로 전라남·북에 계엄령을 확대했던 것일까? 이 문제가 중요한 것은 여수와 순천을 제외한 지역의 사람은 군법회의에 회부할 수 없다. 군법회의는 계엄령에 따른 사법사무를 위해 설치된 기구이다. 여순항쟁과 관련하여 재심 재판이 2019년부터 시작되었다. 재심은 대부분 군법회의에 등재된 피해자 유족들이다. 사법부는 여수와 순천 이외 지역의 피해자에 대해서는 군법회의에 회부된 자체가 불법이라는 점을 정확하게 인지하고 판결해야 할 것이다.

계엄령이 해제되면서 기존 호남계엄지구사령부 군법회의에서 재판을 받던 사람들은 보병제5여단사령부에서 설치한 군법회의에 이관되어 재판을 받았다. 제5여단사령부에서는 단 한 차례 군법회의가 진행되었고, 이후 민간 법정으로 이관하였다.

1949년 2월 5일 계엄령이 해제되었다. 그렇다고 하여 군인의 토벌작전이 끝난 것은 아니었다. 1948년 10월 30일 육군본부는 반군토벌전투사령부를 해체하고 호남방면전투사령부를 설치하여 사령관에 원용덕 대령을 임명하였다. 호남방면전투사령부는 호남을 남과 북으로 나누어 북지구 전투사령부는 남원에 설치하고 원용덕 대령이 지휘하였다. 북지구 사령부에는 제2연대, 제3연대, 제6연대 1개 대대, 제15연대 1개 대대가 배속되었다. 남지구 전투사령부는 순천에 사령부를 설치하고 김백일 중령이 지휘하였다. 남지구 사령부에는 제4연대, 제12연대 2개 대대, 제15연대 1개 대대가 배속되었다. 호남방면 전투사령부는 1948년 11월 30일에 해산되었고 이후 여단별로 관할지역의 토벌작전을 전개하였다.

1949년 해빙기를 맞아 육군본부는 3월 1일 광주에 호남지구전투사령부를 설치하고 사령관에 제5여단 여단장 원용덕 준장을 임명, 그 휘하에 제20연대[32] 3개 대대와 제3연대 2대대, 제15연대[33] 2대대를 배속하였다. 그리고 남원에는 지리산지구전투사령부를 설치하고 사령관 정일권 준장을 임명, 제3연대 1대대와 3대대, 제5연대 3대대, 제9연대 3대대와 독립 제1대대(일명 서울유격대) 등 5개 대대를 배속하였다. 지리산지구전투사령부는 1949년 5월 9일 해체되면서 토벌부대는 원대복귀하였다. 이후 토벌작전은 호남지구전투사령부가 계속하였는데 이때(5월 12일) 제5여단이 제5사단으로 승격되면서 원용덕이 사단장으로 보직이 변경되어 토벌작전을 지휘하였다. 이후 진주지구 해병대 작전이 1949년 8월 20일~12월 26일까지 있었으며, 지리산지구 전투사령부가 1949년 9월 28일~1950년 3월 15일까지 5개월에 걸쳐 토벌작전을 펼쳤다.

---

32 광주에 주둔했던 제4연대가 여순항쟁에 깊이 개입했다면 제4연대를 해체하고 제20연대를 새롭게 창설하였다.

33 제15연대는 경상남도 마산에서 창설되었다. 여순항쟁 이후 제14연대가 해체되면서 1948년 11월 25일 여수로 주둔지를 이동하였고, 1949년 8월 8일 순천으로 주둔지를 이동하면서 전남동부지역의 토벌작전을 수행하였다.

지리산지구전투사령부 1949년 3월 1일 촬영
(출처 : 국방부전사편찬위원회, 『대비정규전사』)

위 사진은 남원에 설치된 지리산지구전투사령부의 지휘관 모습이
다. 맨 앞줄에 앉아 있는 자가 정일권이다. 왼쪽에 미 고문관도 보인
다. 잠시 지리산지구전투사령부와 여순항쟁의 주요 인물인 김지회에
관한 이야기를 해보고자 한다.

지리산지구전투사령부의 제3연대(연대장 함준호) 3대대(대대장 한웅진 대
위)는 1949년 4월 9일 남원군 산내면 반선리에서 김지회·홍순석이 이
끈 제14연대 주력부대를 기습하였다. 홍순석은 그 자리에서 즉사하고
(시신에서 홍순석 인장이 나옴) 김지회와 그의 처 조경순은 피신하였다. 조
경순은 4월 13일 달궁부락에서 생포되었고, 김지회의 행방은 오리무
중이었다. 김지회가 피신 당시 총상을 입었다는 정보를 입수한 토벌군
은 반선리와 연정리 골짜기 일대를 수색하여 시신 한 구를 발견하였
다. 이때가 4월 23일이다. 국방부 발간자료에는 "인상착의조차 구분할

수 없을 정도로 시신이 부패되어 있었다. 그의 처 조경순이 등에 있는 총상 흔적(1949년 화개장전투에서 등에 총상)을 확인하고서야 시신이 김지회임이 밝혀졌다"고 기록하고 있다.[34] 그러면서 김지회의 시신을 발견한 제3연대 3대대 김갑순 상사에 대한 무용담을 곁들인다.[35] 육군본부는 제3연대 3대대의 한웅진 대위 이하 전 장병에게 1계급을 특진시켰다.

왼쪽은 제14연대 교육장교 당시(1948년 6월 14일) 촬영된 사진이다. 오른쪽은 1949년 4월 시신의 모습이다. 미 고문관이 촬영하였다.

최근 미군 자료를 통해 시신으로 발견된 김지회의 사진이 확인되었다.[36] 이 사진 속 시신은 김지회를 한 번이라도 본 사람은 인상착

---

34 전사편찬위원회, 『한국전쟁사1:해방과건군』, 1967, 482쪽 ; 국방부전사편찬위원회, 『대비정규전사』, 1988, 90쪽.

35 김갑순 상사는 예감이 있어 반선리에 가서 부락민에게 "까마귀가 모이는 곳이 없느냐"고 물었던 바 연정리 골짜기에 들어가면 있다고 하여서 이곳을 수색하였던 시신 1구를 발견하였다(전사편찬위원회, 앞의 책, 482쪽).

36 고려대학교 민경현 교수님의 공유 자료이다.

의만으로도 바로 알 수 있을 정도로 말끔하다. 지리산지구전투사령부의 미 고문관이 촬영했을 것으로 짐작되는 사진을 통해 그동안 무용담으로 전해졌던 김지회와 그의 죽음에 대한 오류를 바로잡는다. 홍순석과 김지회는 참수(알코올에 담가 놓은 머리)되어 전시되었고, 이승만은 직접 전리품을 시찰하였다.[37]

한편, 여순항쟁 주도세력으로 널리 알려진 인물이 지창수 상사이다. 아직도 지창수 상사가 항쟁 당일 밤 제14연대 연병장에서 연설하였고, '인민군 연대장'으로 여순항쟁을 주도했다고 기록하는 이가 있다. 사실이 아니다. 지창수는 1949년 1월 21일 지리산 거림골에서 제3여단 제5연대 지리산 방면 유격대 대대장 임익순 대위에게 체포되었다. 그는 곧바로 서울 육군본부로 압송되었다.[38] 육군본부 압송 이후 그의 행적은 알려지지 않고 있다.

다시 계엄령 이야기를 계속 이어간다. 이처럼 계엄령 해제 이후에도 '공비토벌'을 목적으로 전투사령부가 설치되었고, 이는 계엄령이 선포되었던 시기와 다르지 않게 국민에게 영향을 미쳤다. 즉 계엄령이 해제되었음에도 '군율'에 따라 민간인을 '즉결처분', 곧 임의 처형은 계속되었다. 작전의 편의성이나 효율성만을 강조한 토벌작전은 계엄령이 선포되었던 시기와 다르지 않았다.

대한민국 정부 수립 이후 처음 선포된 계엄령은 사실관계를 해명

---

37 『동아일보』, 1949년 4월 29일.
38 『부산신문』, 1949년 2월 1일.

해야 할 부분이 아직도 많이 남아있다. 10월 22일 계엄령 선포의 주체와 대통령과의 관계, 그리고 11월 1일 전라남·북으로 확대하여 계엄령이 선포되었음에도 대통령과 국무회의에서 계엄령 변경에 대한 어떤 조치도 없었다는 점이다. 그리고 11월 1일 전라남·북도에 내려진 계엄령의 정당성에 관한 문제이다. 만약 11월 1일 전라남·북도 계엄령이 존재하지 않았다고 한다면 상황이 많이 달라진다. 즉 여수와 순천 이외 사람들이 군법회의에서 처벌된 것은 위법이다. 그리고 11월 1일 호남방면사령관 원용덕으로 명시되었던 포고문과 달리 실제 호남계엄지구사령부 군법회의에 명시된 사령관은 김백일 중령이다. 서로 다른 이유가 무엇인지도 풀어야 할 과제이다.

여순항쟁 당시 토벌군의 모습(출처 : 『라이프지』)

위 사진은 1948년 10월 26일에서 27일 사이에 여수 시내에서 촬영되었을 것으로 추정된다. 토벌군은 완전무장 하였고, 철모에 흰띠를 두르고 있다. 태극기 문양의 완장도 차고 있다. 총에는 대검을 착검한 군인도 보인다. 어디서 많이 본 듯한 장면이다. 철모에 흰띠를 두른 계엄군 하면 1980년 5월 광주민주항쟁이 떠오른다. 광주민주항쟁 당시 계엄군은 방석모를 쓰고 철모에 흰띠를 두르고 광주 시민을 무참히 짓밟았다. 1980년 광주의 계엄군은 1948년 여순항쟁의 재현이었다. 이처럼 비정상적인 국군의 행동 시작에는 여순항쟁이 있었고, 계엄령이 있었다.

계엄은 국민의 기본권을 정지한 상태로 소개와 징발 같은 일상생활은 물론 개인의 생사여탈을 군의 명령에 따라 결정되는 상황을 창출한다. 특히 여순항쟁 당시 계엄령은 계엄법이 존재하지 않았기에 계엄사령관의 임의적 판단으로 결정되었다.

여순항쟁 발발 즉시 10월 22일 선포된 임시계엄, 그리고 10월 25일 국무회의 의결을 거쳐 추후 승인된 계엄령은 이후 1948년 11월 17일 제주4·3항쟁 당시 선포된 계엄령뿐만 아니라 한국전쟁 과정에서 선포된 계엄령에도 영향을 미쳤다. 그리고 여순항쟁과 당시 선포한 계엄령은 1949년 11월 24일 제정된 계엄법(법률 제69호)의 내용과 방향에 상당한 영향을 미쳤다.

2
제주도, 계엄령 선포

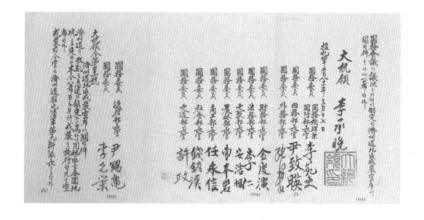

국무회의 의결을 거쳐서 제정한 제주도지구 계엄 선포에 관한 건을 이에 공포
한다.

대통령 이승만

단기 4281년 11월 18일

〈국무위원 생략〉

대통령령 제31호

제주도지구 계엄 선포에 관한 건

제주도의 반란을 급속히 진정하기 위하여 동지구를 합위지경으로 정하고 본령

공포일로부터 계엄을 시행할 것을 선포한다.

계엄사령관은 제주도 주둔 육군 제9연대장으로 한다.

국무회의 의결을 거쳐 제주도지구에 계엄을 선포한다는 대통령령 제31호이다. 계엄의 종류는 '합위지경'이며, 계엄 시행일자는 공포일인 11월 17일이고, 계엄지역은 제주도이다. 계엄사령관은 제주도에 주둔한 육군 제9연대장을 임명하였다.

위의 문서는 대한민국역사박물관에 소장된 자료이다. 1948년 10월 25일 여순항쟁의 계엄에서 2024년 12·3비상계엄까지 이러한 문서가 존재한 것은 제주4·3항쟁 관련 계엄 선포가 유일하다. 현행 계엄법에 계엄 선포를 하고 공고한다는 조항이 있다. 공고는 『관보』이다. 제주 4·3항쟁 관련 11월 17일 '합위지경'의 계엄 선포도 『관보』에 공고되어 있다.[39]

이 문서의 의미는 무엇일까? 제헌헌법 제66조에는 "대통령의 국무에 관한 행위는 문서로 하여야 하며 모든 문서에는 국무총리와 관계 국무위원의 부서副署가 있어야 한다. 군사에 관한 것도 또한 같다"고 규정되어 있다. 비상계엄은 국무에 관한 주요 행위이기에 국무총리와 국무위원의 부서가 필요하다. 대통령과 국무위원 전원의 친필 서명이 들어간 이 문서는 1948년 11월 17일 자로 계엄이 선포되었음을 분명하게 밝힌 문서이다. 이는 『관보』제14호에도 공고되었다. 11월 23일 계엄령 포고 제1호가 발표되었다.

---

39 공보처, 『관보』제14호(대통령령 제31호), 1948년 11월 27일.

교통 제한, 우편통신 신문 잡지 등 검열, 부락민 소개疏開, 교육기관에 대한 제한, 청소벌채淸掃伐採 급 도로의 수리 보전 급 폭동에 관한 벌칙 등 7종목으로 세측 발표(국방부 29일 檢閱濟).[40]

포고 제1호는 계엄사령관으로 임명된 제9연대 연대장 송요찬이 내렸을 것으로 짐작된다. 아쉽게도 포고 제1호와 관련한 완벽한 문서 또는 신문자료를 발굴하지 못했다. 이 말인즉 포고 제1호가 위의 인용문처럼 간략하게 발표되지 않았을 것으로 짐작된다. 포고 제1호를 보도한 기사 마지막에는 국방부 검열을 받았다고 명기되어 있다.

여기서 주목할 점은 1948년 4월 3일 제주4·3항쟁이 발발하였고 이후 7개월이 지난 11월 17일에 계엄령이 선포되었다는 것이다. 계엄령은 어떤 사건이 발발했을 때 초기에 선포되는 것이 일반적이다. 그러나 제주도는 어떤 연유로 7개월이 지난 이후에서야 계엄령을 선포했는지 생각해 봐야 할 것이다.

1) 제주4·3항쟁 발발과 제주비상경비사령부 설치

제주4·3항쟁은 1947년 3월 1일을 기점으로 하여 1948년 4월 3일 새벽 2시를 기해 제주도 인민유격대가 도내 12개 지서를 습격하면서 시작되었다. 미군정은 4월 5일 약 100명의 전남 경찰을 응원대로 급파하고 제주비상경비사령부(사령관 김정호 경무부 공안국장)를 설치하였다.

---

40 『조선일보』, 1948년 11월 30일 ; 『남조선민보』, 1948년 11월 30일.

아울러 미군정은 제주도 해상교통을 차단하며 해안을 봉쇄하였다.

4월 6일 경무부(현 경찰청)에서는 제주4·3항쟁의 발발 원인과 그 피해를 발표하였다. 당시 발표는 "도내 15개 지서 중 11개의 지서를 습격하는 등 일대 불상사가 야기되었다"면서 "경찰관서 습격 11개소, 테러 11건, 경찰관 피습 2건, 경찰관 사망 4명, 부상 7명, 행방불명 3명, 경찰관 가족 사망 1명, 관공리 사망 1명, 부상 2명, 양민 사망 7명, 부상 30명, 전화선 절단 4개소, 방화(경찰관서 3개소, 양민가옥 6개소), 도로 교량 파괴 9개소"라고 피해를 밝혔다.[41]

아울러 경무부장(현 경찰청장) 조병옥은 "제주도 동포들의 생명과 재산을 보호하기 위하여 김정호 공안국장을 현지에 특파하는 동시에 전남에서 응원경찰대를 급파하여 진압 중에 있다. 제주도의 동포여러분은 안심하시는 동시에 경찰과 적극 협력하여 그 망국 도배들을 발본색원적으로 퇴치하여 제주 치안의 완벽을 기하기를 바라는 바이다. 그리고 남조선 그 외의 지역에 계신 동포들도 국제적 정세의 긴박함과 우리 민족의 역사적 위기에 당면한 사실을 똑바로 보아 자유스럽고 평화로운 사회적 환경에 역사적 대사업인 총선거가 성공리에 끝마치도록 국립경찰에 애국적 협력을 아끼지 말기를 바라마지 않는 바이다"라는 담화를 발표하였다.[42]

제주비상경비사령부 사령관으로 임명된 김정호는 4월 5일 포고문을 발표하였다.

---

41 『경향신문』, 1948년 4월 7일 ; 『동광신문』, 1948년 4월 8일.
42 『조선일보』, 1948년 4월 7일.

포고문

제주도내 비상사태를 고려하여 4월 5일 11시부터 제주경찰감찰청내에 비상경비사령부를 설치, 도내 치안을 수습하고자 좌기의 포고문을 발한다.

기記

(1) 본관은 제주도내에 산발적으로 발생하는 폭도에 대하여 전 경찰력을 집중, 소탕전을 전개하려 한다.

(2) 친애하는 도민 제위는 경찰에 협력하여 적의 준동상태를 방지하기 위하여 부락별로 향보단을 조직하고 불량도배의 침입을 방지하라.

(3) 폭도에 대하여는 추상열일秋霜烈日같은 태도로 임할지나, 부화뇌동한 순진한 도민에 대하여는 최선을 다하여 애무하려 한다.

(4) 폭도도 우리 동족이니 회개하고 귀순함에 따라 본관은 포용의 용의를 가지고 있다.

(5) 민간이나 청년단체이나 혹은 기타 단체에 있어서 자위방어책으로 무기를 소지한 자는 사령부에 제공하고 본관의 무기회수 방침에 협력하라.

(6) 각 부락민은 지서장과 협력하여 교통로 보수에 전적 협력을 요망한다.

(7) 폭도에게 정보 식량 숙사 등 편의를 제공하는 자에 대하여는 엄중 처단할 방침이니 폭도의 위협 감언이설에 끌리어 후회 없기를 바란다.

(8) 경찰토벌대에 대하여 협력을 거부하고 행동을 방해하는 자는 엄중처단 할 것이다.

(9) 경찰관서 및 기타 양민에 대하여 폭행을 가하고 민심을 소란케 하는 시에는 경찰은 추호도 무기사용을 주저치 않을 것을 명언한다.

(10) 본관은 본도 30만 도민의 고침안면高枕安眠을 보장하기 위하여 전력을 경주하고 있다. 우리의 존경하는 도민 제위는 본관의 방침에 전적 협력하여 후회 없기를 요청한다.

우右 포고함.

1948년 4월 8일 제주비상경비사령부 사령관 김정호[43]

제주4·3항쟁 발발로 인하여, 당시 발표를 보면 15개 지서 중 11개 지서가 습격당했고, 경찰관 등의 피해도 적지 않았다.[44] 이에 김정호 공안국장은 제주도 치안유지 수습을 위해 제주비상경비사령부를 설치했고, '폭도'를 소탕하기 위해 전 경찰력을 집중한다고 밝히고 있다. 이러한 일련의 조치로 미군정은 전라남도 경찰 약 100명을 4월 5일 응원부대로 급파하였고, 4월 10일에는 국립경찰전문학교 간부후보생 100명을 제주도에 파견하였다. 치안유지는 경찰의 임무로, 군대의 임무가 아니기 때문에 경찰을 제주도에 파견한 조처를 내렸던 것이다.

김정호의 포고문에는 포함되지 않았지만, 비상경비사령부는 제주도 전역에 오후 8시 이후 다음 날 4시까지 통행을 금지하였다.[45] 김정호의 포고문은 일반적으로 비상계엄이 선포된 이후 계엄사령관이 발표한 포고령과 거의 같은 수준을 담고 있다.

김정호는 4월 18일 제주비상경비사령관 명의의 경고문을 통해 "① 폭동의 주모자와 직접 행동으로 범죄를 감행한 자는 자수하라, ② 무기와 흉기를 가진 자는 신속히 경찰관서에 납부하라, ③ 폭도에게 식량을 보급한 자 또는 금전 물품 등을 제공하고 부화뇌동한 자도 자수하라"면서 개전한다면 정상 참작하여 은전을 받을 것이라고 발표하였다.[46] 진압작전에 어려움을 겪던 김정호는 선무공작을 동시에 진행하

---

43 『제주신보』, 1948년 4월 10일.
44 당시 경찰 발표는 11개 지서가 습격되었다고 했지만, 제주4·3사건 진상조사보고서는 12개 지시가 피습되었다고 밝혔다.
45 『서울신문』, 1948년 4월 30일.
46 『제주신보』, 1948년 4월 20일.

였음을 알 수 있는 대목이다.

4월 5일 제주에 파견되었던 김정호 공안국장은 4월 28일 서울로 복귀하였다. 그는 서울에 복귀하여 기자단과의 간담에서 한라산에는 약 2,000명 정도의 반도들이 있고, 이들은 약 3개월 식량과 우수한 무기를 가지고 있으며, 상당한 병법 훈련을 받은 실전 경험자가 지도하고 있다고 말했다.[47] 경찰부대는 제1기 작전으로 경찰지서의 습격을 방지하고, 제2기 작전으로 500~600명씩 집단행동하는 폭도를 100명 내외의 소집단으로 분산시키고, 제3기 작전으로 약 20명 내외씩으로 재분산시켜 현재는 통신·교통의 단절과 개인 테러를 주로 진행하였다고 밝혔다.[48]

이외에도 경무부장 조병옥의 선무문(4월 14일),[49] 경무부 공보실장 김대봉의 담화문(4월 17일),[50] 김정호의 시국 수습을 위한 메시지(4월 19일)[51] 가 잇따라 발표됐다. 이들 발표문은 제주4·3항쟁을 소련과 연계한 공산주의자들의 음모·계략이라고 주장하며, 강력한 처단을 밝혔다.

4월 29일 비상경비사령부는 4월 3일부터 4월 25일까지의 피해 상황에 대해 "사상자 : 경찰관 사망 7, 부상 11, 동 가족 사망 3, 부상 1 / 양민 사망 27, 부상 51 / 관공리 사망 2, 부상 5 / 폭도 사망

---

47 『동아일보』, 1948년 4월 30일.
48 『한성일보』, 1948년 4월 30일.
49 『제주신보』, 1948년 4월 18일.
50 『제주신보』, 1948년 4월 20일.
51 『제주신보』, 1948년 4월 20일.

47, 부상 71"을 비롯하여 물질적인 피해 등이 있었다고 발표하였다.[52]

제주4·3항쟁 발발 초기는 제주비상경비사령부 주도로 진압작전이 이루어졌고, 경찰이 주도하였다. 여기서 두 가지 의문이 든다. 첫째, 김정호 공안국장이 파견되어 설치한 제주비상경비사령부는 김정호 공안국장 복귀 이후 어떻게 진행되었으며 누가 주도하였느냐는 것이다. 둘째, 계엄 선포는 어떠한 사건이 발생하면, 발생 즉시 선포하는 것이 일반적이다. 미군정은 왜 제주4·3항쟁 발발 초기 제주도에 계엄을 선포하지 않았는지가 의문이다.

2) 김정호 복귀 이후 제주도 진압작전

김정호 공안국장은 4월 5일 제주비상경비사령관으로 임명되었고, 4월 29일 복귀하였다. 김정호 공안국장이 복귀할 당시 제주도는 제주4·3항쟁 발발 당시와 다르지 않았다. 김정호 복귀 이후 제주4·3항쟁 진압작전을 누가 주도했는가.

제주비상경비사령부는 제주도의 치안을 수습하고자 설치되었고, '폭도'를 소탕하기 위해 전 경찰력을 투입하였다. 당시 제주도에는 국방경비대 제9연대가 남제주군 모슬포에 주둔하고 있었지만, 치안의 문제였기 때문에 관여하지 않았다. 제9연대가 특별부대를 편성하여 북제주지구 경비 치안에 나선 날은 4월 13일이다. 제주읍에 도착한 특별

---

52 『서울신문』, 1948년 5월 3일 ;『동광신문』 1948년 5월 4일.

부대장 김용순 대위는 다음날(14일) 포고문을 발표하였다.

포고문

(1) 군은 정부의 재산과 인민의 생명 재산을 보호 확수確守 하기 위하여 출동함.
(2) 일반 도민은 규정된 통행금지 시간을 엄수함을 요함.
(3) 하시何時 하인何人을 막론하고 보초 혹은 순찰자로부터 취조당할 시에는 온순히 대할 것이며 절대로 대항치 못함.
(4) 일반 도민은 무기 기타 흉기를 소지치 못함.
(5) 특히 야간에 있어서 수하誰何를 당할 시에는 즉시 응답할 것이며 3회의 수하에 응답하지 않으면 신변이 위해롭게 될 것임.
(6) 보초 혹은 순찰자에 대하여 권주勸酒 못함.

우기와 여如히 일반 도민 제씨諸氏에게 양심적으로 호소함에도 불구하고 만약 위반자가 유有할 시에는 본관은 전 도민을 위하여 눈물로써 엄중히 처단할 것을 엄숙히 포고함.
1948년 4월 14일
조선경비대 제9연대 북제주지구 특별경비부대장 육군대위 김용순[53]

계엄령이 선포되지도 않은 상황에서 군대가 출동하였고, 포고문을 통해 위반자는 엄중히 처단한다고 민간인을 겁박하고 있다. 이러한 조치가 미군정의 지시·명령 없이도 가능했을까.

한 발짝 더 나아가 제9연대 정보주임 장교 이윤락은 경고문을 통

---

53 『제주신보』 1948년 4월 16일.

해 "군은 정부의 재산과 인민의 생명·재산을 보호 확수確守 하기 위하여 출동하였음. 모든 관공서와 인민은 절대 신뢰와 협력을 하여 주기 바라며 추호도 군 출동을 모략 악선전 중상 혹은 고의로 불협력하며 간접적으로 군 행동에 방해함을 불허한다"고 발표하였다. 그리고 이에 위반하는 자는 여하 인사를 막론하고 군율에 의하여 엄중히 처단한다고 밝혔다.[54] 계엄령도 없이 민간인을 군율에 의해 처단한다는 것은 있을 수 없는 일이다. 상부의 지시도 없는 불가능한 일들이 제주도에서 벌어지고 있었다. 여순항쟁의 계엄령이 제주도에서 재현되고 있다.

1948년 5·10총선거를 앞두고 발생한 제주4·3항쟁은 미군정에 큰 골칫거리였다. 5·10총선거는 미군정에 매우 중요한 과업이었다. 주한 미군사령관 하지 중장은 1948년 4월 2일 산하 지휘관들에게 전문을 보내 공산주의자들과 기타 선거 반대 세력에 의한 선거 방해 시도에 대한 위험을 경고하였다. 그는 "한국인들이 공정선거를 통해 자신들의 대표를 선출하기 위한 이번 노력이 성공하는 것은 미 사절단의 성과에 핵심적인 것"이라고 밝히고 "군정장관은 미국의 선거 감시 집행에 책임이 있다"고 규정하였다.[55]

1947년 3월 트루먼 독트린 선언 이후 5·10총선거는 미국의 아시아 정책에 있어서 중심적 위치로 떠올랐다. 이러한 미국의 아시아 정책에 있어서 남한은 공산화의 확산을 봉쇄하는 반공의 보루이자, 아시아에서의 민주주의 실험대로서 그 첫걸음이 되었다.

---

54 『제주신보』, 1948년 4월 16일.
55 허호준, 「제주4·3의 전개과정과 미군정의 대응전략에 관한 연구」, 제주대학교 석사학위논문, 2003, 41쪽.

제주4·3항쟁은 단독선거·단독정부 수립을 반대하며 선거를 저지하기 위해 행동하였고, 그로 인해 폭력적 행위가 가장 심했던 지역이 제주도이다. 미군정은 이를 진압하기 위해 제주비상경비사령부를 설치하고, 사태 수습에 나섰지만 별다른 효과를 얻지 못했다. 경찰력만으로 진압작전을 수행하는 것은 한계가 있었다. 이는 곧바로 5·10총선거에 영향을 미칠 수밖에 없었기에 미군정은 다른 방도를 마련할 수밖에 없었다.

미군정이 제주도 군정장관 맨스필드 중령을 통해 제9연대에 경찰과 협조하여 진압작전에 참가하도록 명령한 날은 4월 17일이다. 그리고 다음 날(18일) 미군정은 맨스필드 중령에게 제주도 주둔 경비대의 작전통제권을 행사하고 인민유격대 지도자와 교섭할 것을 지시하였다. 미군정은 경찰력만으로는 진압할 수 없다고 판단하여 국방경비대 제9연대에도 진압작전을 명령하였다. 치안의 문제를 경찰이 아닌 군대가 나서기 위해서는 선제 조치가 필요하였지만, 미군정이 선제 조치없이 군대에 진압작전을 지시하였다.

3) 미군정은 초기에 왜 계엄령을 선포하지 않았는가

아래 사진은 5·10총선거를 닷새 앞둔 1948년 5월 5일 미군정 수뇌부가 전격 제주를 방문하여, 제주공항에서 찍힌 사진이다. 사진 속 인물은 왼쪽 두 번째부터 미군정장관 딘 소장, 통역관, 유해진 제주도지사, 맨스필드 중령, 안재홍 민정장관, 송호성 국방경비대 총사령관, 조병옥 경무부장, 김익렬 제9연대장, 최천 제주경찰감찰청장 등이다.[56] 5·10총선거를 앞두고 미군정에서도 제주의 무장봉기를 심각하게 주시하였다.

1948년 5월 5일 딘 군정장관과 미군정 수뇌부의 제주 방문
(출처 : 미국립문서기록관리청(NARA))

계엄 선포는 비상사태에 취한 조치이다. 대체로 사건이 발생한 시점에 바로 선포된 것이 일반적인 사례이다. 4월 3일부터 25일까지 피해 상황만 보더라도 사망자가 86명이며, 부상자 139명이다. 그런데도 미군정은 항쟁 초기에 계엄령을 선포하지 않았다.

미군정은 군이 다스리는 체제이다. 따라서 계엄 선포 없이도 군대

56 제주4·3평화재단, 『기록이 된 흔적』, 2020, 96쪽.

를 투입할 수 있는 게 아닌가 하는 생각을 가질 수 있다. 그러나 그렇지 않다. 미군정이 우리나라에 진주하고 제일 먼저 만든 조직이 경무부이다. 즉 경찰조직이다. 미군정은 치안을 담당하기 위해 1945년 10월 21일 국립경찰을 창설하였고, 그 이후 국방경비대를 창설하였다. 국방경비대가 경찰의 예비대대라고 일컫지만, 미군정은 원래 국군을 창설하고자 하였다. 하지만 소련의 반대로 국군을 창설할 수 없게 되자 그 대안으로 국방경비대를 창설하였다. 국방경비대가 경찰의 예비대대라고 하지만 엄연히 그 임무가 달랐다. 미군정기 치안은 경찰이 담당하였고 경찰력만으로 치안을 확보할 수 없을 때 군대가 투입되었다. 군대를 투입하기 전에 계엄령 선포는 당연한 조치이다.

예컨대 1946년 10월 1일 발발한 대구 10월항쟁 당시 미군정(경상북도 군정장관)은 10월 2일 오후 5시 대구지구(대구·달성·영일·경주)에 계엄령을 선포하고 대구 주둔 미군을 동원하여 시위를 진압하였다. 대구지구 계엄은 10월 22일에 해제되었다.[57] 또한 1946년 10월 30일 광주·목포·함평·나주·무안 일대에서 학생과 노동자의 시위가 발생하였다. 전라남도 군정장관은 10월 31일부로 목포와 무안 일대에 계엄을 선포하고 통행금지 등을 포고하였다. 군대 투입으로 시위가 일단락되자 미군정은 11월 4일 계엄령을 해제하였다.[58]

이처럼 미군정은 경찰만으로 질서를 유지할 수 없을 때 계엄령을 선포하여 군대를 투입하였다. 계엄령도 사건 발생 초기에 선포하였다.

---

57 『한성일보』, 1946년 10월 4일 ;『동아일보』, 1946년 10월 31일.
58 『한성일보』, 1946년 11월 2일 ;『독립신문』, 1946년 11월 5일.

그런데 제주도는 제주4·3항쟁 발발로부터 7개월이 넘은 시점인 1948년 11월 17일에 계엄령을 선포하였다. 앞서 살펴본 바와 같이, 4월 13일부터 제9연대는 진압작전에 투입되었다.

미국과 미군정은 5·10총선거란 중요한 국제적 행사를 앞두고 '비상사태'를 의미하는 계엄령 선포가 미군에게 이로울 게 없다고 판단하였다. 계엄령이 선포되면 한반도의 불안정한 정국뿐만 아니라 단독선거 및 단독정부 수립을 반대한다는 저항이 거세다는 것을 국제사회가 알게 될 것이다. 또한 미국 주도 남한의 단독선거를 국제적으로 인정해 주는 역할을 한 유엔조선임시위원단(United Nations Temporary Commission On Korea : UNTCOK)의 정당성도 타격을 받을 것이며, 그 활동도 제약이 따를 수밖에 없게 되었다.

그리하여 미군정은 경찰 중심의 비상경비사령부만으로 사태 수습이 불가능하다고 판단하였고 계엄령은 선포하지 않았지만, 4월 17일부터 군대를 투입하여 진압작전에 나선 것이다. 계엄령 선포 없는 계엄의 시대가 제주도에서 시작되었다.

4) 제주 계엄령 해제의 의문

제주4·3항쟁 관련 계엄령은 1948년 11월 17일 선포되었고, 동년 12월 31일 해제되었다. 제주도 계엄 해제에 관한 문서는 '대통령령 제43호'로서 "제주도지구의 계엄은 단기 4281년 12월 31일로써 이를 해지한다"고 기록되어 있다.

『관보』제26호(대통령령제43호), 1948년 12월 31일

현행 법률에 따르면 계엄령 해제는 "평상상태로 회복되거나 국회의 계엄 해제 요구"로 인한 경우 대통령은 지체없이 계엄을 해제해야 한다. 1948년 11월 19일 선포된 계엄령도 생뚱맞지만, 12월 31일 계엄령 해제도 이해할 수 없다.

제주4·3항쟁을 시기별로 구분하면 1948년 10월부터 1949년 2월까지를 초토화작전 시기 또는 주민 집단희생 시기라고 분류한다. 이 시기의 시작은 10월 11일 제주도경비사령부 설치부터이다. 제주도경비사령부 사령관에 제5여단장 김상겸 대령을 임명하여 겸임케 하였다. 제주도 토벌대 지휘부는 연대급에서 여단급으로 격상되었고, 토벌작전도 더욱 강화되었다. 제주도경비사령부는 제9연대, 제5연대 1개 대대, 제6연대 1개 대대, 해군부대, 제주경찰경비대를 총괄 지휘하였다.[59] 또한 제주도경비사령관에게는 '숙청 행동간 고등군법회의의 관할'도 부

---

59 전사편찬위원회, 앞의 책, 443쪽.

여되었다.[60]   계엄령이 선포되지도 않았는데, 제주도경비사령관에게 고등군법회의 관할권을 부여하였다. 10월 17일 제9연대장 송요찬은 포고령을 발표하였다.

도의 치안을 파괴하고 양민의 안주를 위협하여 국권 침범을 기도하는 일부 불순분자에 대하여 군은 정부의 최고 지령을 봉지捧持하여 차등 매국적 행동에 단호 철추를 가하여 본도의 평화를 유지하며 민족의 영화와 안전의 대업을 수행할 임무를 가지고 군은 극렬자를 철저 숙청코저하니 도민의 적극적이며 희생적인 협조를 요망하는 바이다.
군은 한라산 일대에 잠복하여 천인공노할 만행을 감행하는 매국 극렬분자를 소탕하기 위하여 10월 20일 이후 군 행동종료기간 중 전도 해안선부터 5키로 이외 지점 및 산악지대의 무허가 통행금지를 포고함.
만일 차에 포고에 위반하는 자에 대하여서는 그 이유 여하를 불구하고 폭도배로 인정하여 총살에 처할 것임. 단 특수한 용무로 산악지대 통행을 필요로 하는 자는 그 청원에 의하여 군 발행 특별통행증을 교부하여 그 안전을 보증함.[61]

이 포고문은 정부의 최고 지령을 봉지捧持하여 제9연대장 송요찬이 발표하였다. 정부의 지령은 10월 20일부터 한라산에 잠복한 극렬분자를 소탕하기 위해 군이 행동을 시작한다는 것이다. 그에 따른 조치로 해안선부터 5km 이외 지점과 산악지대에는 통행을 금지하며 이를 어기면 폭도배로 인정하여 총살한다고 하였다. 이러한 제주도 작전을 수행하기 위해 10월 19일 여수 주둔 제14연대 1개 대대 병력의 제주도

---

60 『육군총사령부 일반명령』제2호, 1948년 10월 27일.
61 『국제신문』, 1948년 10월 20일.

출동을 명령하였다. 의문은 제주경비사령부의 사령관은 김상겸 대령인데, 포고문은 제9연대장 송요찬 명의로 발표되었다.

1948년 10월 11일 제주경비사령부가 설치되고, 여수 주둔 제14연대에 제주도 출동명령이 하달되면서 여순항쟁의 발발로 이어진다. 이에 따라 제주경비사령부의 실질적인 작전은 11월 중순부터 시작되었다. 11월 17일 계엄령 선포가 그 중심에 있다. 그러나 계엄령 선포 이전에도 제주도의 '폭도' 진압작전은 군이 주도하였고, 계엄령에 준하는 포고로 제주도민을 통제하였다. 계엄령 선포 이후의 달라진 점은 군법회의가 설치되었다는 것이다.

「군법회의 명령」에 의하면, '1948년 군법회의'는 1948년 12월 3일부터 12월 27일까지 총 12차례 열렸다. 이 군법회의에서 민간인 871명에 대해 일률적으로 구 형법 제77조 위반 내란죄를 이유로 유죄 판결을 선고하였다. 제주도계엄지구 「고등군법회의 명령」 제20호(1948년 12월 29일)를 보면, 제주도계엄지구사령부 사령관 육군중령 함병선으로 명기되어 있다. 계엄이 해제된 이후에는 제2연대 본부 고등군법회의에서 진행되었다.

제주경비사령부를 설치하여 김상겸 대령을 사령관으로 임명했지만, 실질적인 지휘는 제9연대장 송요찬이 주도하였다. 육군총사령부는 1948년 12월 29일 제9연대와 대전 주둔 제2연대(연대장 함병선)의 주둔지를 교체하였다. 제2연대의 제주 주둔 시점에 계엄령이 해제되었다. 이에 제2연대장 함병선은 1월 4일 계엄령 해제 조치가 군 작전 수행에 차질을 빚을 수 있다며 이를 철회해 줄 것을 육군총사령부에 요청하였다.

다시 말하면, 당시 제주는 계엄령을 해제할 만큼 평상의 질서가 회복되지 않았다는 것이다. 제주4·3항쟁 집단 피해자를 시기별로 살펴보면, 1949년 1월부터 2월까지 피해 인원과 규모가 가장 컸다. 하물며 1949년 3월 2일에는 제주도지구전투사령부가 창설되었다. 사령관에는 유재흥 대령이, 참모장에는 제2연대장 함병선 중령이 각각 임명되었다. 또한 제주4·3항쟁의 주요 인물의 체포·사살에서도 드러난다.

제주4·3항쟁의 주요 인물로 김달삼(본명 이승진)과 이덕구가 널리 알려져 있다. 김달삼은 1948년 8월 제주도 인민유격대의 지휘권을 이덕구에게 넘기고 황해도 해주에서 열린 전국인민대표자회의에 참석한 인물이다. 1948년 8월 이후부터 이덕구는 제주도 인민유격대 사령관 직책으로 제주4·3항쟁을 이끌었다. 1949년 3월 제주도지구전투사령부(사령관 유재흥)가 창설되고 본격적인 토벌작전을 벌였다. 이덕구는 1949년 6월 7일 제주도 북제주군 조천면 교래리 623고지 인근에서 인민유격대를 이탈한 부대원 밀고로 출동한 경찰과 교전 중에 사망하였다. 이덕구의 시신은 관덕정 앞에 내걸렸는데, 옆에는 "이자는 공비의 수괴 이덕구로서 대한민국 국시를 범한 반역자이다. 이덕구의 말로를 보라!"고 적어 붙여놓았고, 가슴팍 주머니에는 숟가락을 꽂아 놓았다고 한다. 제주도는 혼란의 연속이었고 제주도 인민유격대를 이끌었던 이덕구가 사망도 하기 전에 계엄을 해제하였다. 이유가 무엇일까.

제주4·3항쟁은 미군정기에 발발하여 대한민국 정부 수립 이후까지 지속되었다. 대한민국 정부를 수립한 이승만은 대한민국이 유엔에서 정한 유일한 합법정부라는 국제사회의 동의와 인정이 절대적으로 필요하였다. 그런데 미군정기 발생한 제주4·3항쟁은 지속되었고, 이는 이승만의 통치력 실험대가 되었다. 따라서 조기에 사태를 수습하기 위해 여순항쟁의 경험을 살려 제주도에 계엄령을 선포하고, 초토화작전을 수행했다고 볼 수 있다. 그렇다고 이승만은 마냥 계엄령을 유지하고 있을 수 없었다. 계엄 해제는 일정 정도 사태를 수습했다는 것을 의미하며, 이는 이승만의 통치력을 입증하는 것이 되었기 때문이다. 이러한 모양새를 갖추기 위해 적절한 시점을 찾았고, 이승만은 12월 31일 계엄을 해제하였다.

계엄령이라는 용어는 지금까지도 제주도민들의 가슴에 깊이 새겨졌고, '계엄령'이란 용어만은 빠뜨리지 않고 증언한다. 제주도민에게 계엄령이란 체념을 상징하는 말이었고 가족이 죽은 '이유'였다. 심지어 촌로들은 계엄령을 '마구잡이로 사람을 죽여도 되는 무소불위의 제도'로 생각하고 있다. 계엄령 선포 이전의 희생이 비교적 젊은 남자로 한정되었다고 한다면, 계엄령 선포 이후에는 서너 살 어린이부터 80대 노인에 이르기까지 남녀노소가 무차별 학살되었다.[62] 제주도민들에게 계엄령은 재판절차도 없이 수많은 인명이 즉결 처형되었다는 근거로 인식하고 있다.

---

62 제주4·3사건진상규명및희생자명예회복위원회, 『제주4·3사건진상조사보고서』, 2003, 276쪽.

3
한국전쟁과 계엄

계엄법은 1949년 11월 24일 법률 제69호로 제정되어 시행되었다. 총 3장 23조로 이루어졌다. 1950년 7월 8일 선포된 3차 비상계엄은 계엄법 제정 이후 첫 비상계엄 선포이다. 비상계엄 선포 이유는 한국전쟁이다. 한국전쟁 시기 비상계엄은 몇 차례라고 단정하기가 어려울 정도로 복잡다단하게 선포와 해제를 거듭하였다. 앞서 한국전쟁 중 1950년 7월 8일과 1950년 7월 20일 두 차례 비상계엄만 표기했지만, 이는 세부적 설명이 더 필요한 부분이다.

1950년 7월 8일 선포된 3차 비상계엄은 한국전쟁이라는 전쟁 상황이었기에 헌법과 법률에 따른 선포라고 할 수 있다.[63] 비상계엄 선포 이유는 타당하다고 하여도 전쟁이 발발하고 13일 후에 선포되었다는 점 또한 다소 의아하다. 당시 우리 군은 전쟁에 대한 작전계획이나 방위계획을 마련하지 못한 상황이었다.[64] 전쟁 도발로 시급한 것은

---

[63] 한국전쟁과 계엄은 김춘수의 「한국전쟁 시기 계엄의 성격」(『사림』제50호, 2014)을 대체로 정리하는 형태로 작성하였다.

[64] 육군본부에서 전면전을 예상하여 대책을 연구한 사실은 단 한 번도 없었던 것

작전·명령체계 확립과 부대 편제였고, 실질적으로 전쟁 수행 체계가 이루어진 시점이 7월 8일 경이다.[65]

이승만은 전쟁 발발 당일 주한미국대사 무초(John J. Muccio)와 면담에서 무기 지원을 요구하고, 계엄 선포를 고려하고 있음을 언급하였으나, 실제 계엄은 선포되지 않았다. 전쟁 3일 만에 서울이 인민군에게 함락되었다. 6월 29일 이승만은 수원에서 맥아더를 만난 후 6월 30일 육군 총참모장을 채병덕에서 정일권 소장으로 교체하였다. 7월 1일 정일권을 중심으로 육해공군 통합 지휘체제를 갖추었고, 7월 5일부터 7일까지 육군 부대 재편이 진행되었다.

그러나 전쟁이 발발한 당일 6월 25일 오전 10시를 기하여 제8사단장 이성가 대령 명의의 강원도 지역에만 경비계엄을 선포하였다. 계엄법 제6조의 임시계엄이다. 이를 토대로 대통령 명의의 비상계엄이 7월 8일 국무회의 의결을 거쳐 선포되었다.

> 대한민국 대통령은 계엄법 제1조에 의하여 좌左와 여如히 계엄을 선포한다.
> 대통령 이승만 印
> 단기 4283년 7월 8일
> 〈국무위원 생략〉
> ㅡ. 이유 : 북한 괴뢰집단의 전면적 불법 무력 침구侵寇에 제際하여 군사상의

으로 안다. 그러므로 평소에 방위계획을 수립하지 않았고, 연차 방위계획도 없었다. 미군고문단에 작전계획의 입안을 제기한 사실이 없었다. … 방위계획을 진지하게 검토하면 군사원조를 증가해야만 될 것이 분명했기 때문이다(이종찬 당시 수도경비사령관 증언).(김춘수, 앞의 논문, 3쪽. 재인용).
65 김춘수, 앞의 논문, 4쪽.

필요와 공공의 안녕질서를 유지하기 위함

二. 종류 : 비상계엄

三. 지역 : 전라남도 · 전라북도를 제외한 남한 전역

四. 계엄사령관 : 육군총참모장 육군소장 정일권[66]

戒嚴

大韓民國大統領은戒嚴法第一條에依하여左와如히戒嚴을宣布한다

檀紀四千二百八十三年七月八日

大統領 李承晚 印

國務總理署理 國防部長官 申性模
國務委員 內務部長官 白性郁
國務委員 外務部長官 林炳稷
國務委員 法務部長官 李愚益
國務委員 文敎部長官 白樂濬
國務委員 農林部長官 尹永善
國務委員 商工部長官 金
國務委員 社會部長官 許政
國務委員 保健部長官 具永淑
國務委員 交通部長官 金
國務委員 遞信部長官 張

一、理由
北韓傀儡集團의全面的不法武力侵犯에際하여軍事上의必要와公共의安寧秩序를維持하기爲함

二、種類 非常戒嚴

三、地域 全羅南道、全羅北道를除外한南韓全域

四、戒嚴司令官 陸軍總參謀長陸軍少將 丁一權

계엄 선포 이유는 북한 괴뢰 집단의 불법적인 무력 침략이며, 시행 지역은 전라남·북도를 제외한 전국이다. 계엄사령관에 육군 참모총장 정일권 육군소장이 임명되었다. 비상계엄을 선포하면서 호남지역을 제외한 이유는 무엇일까? 북한군이 6월 25일 전쟁을 도발하였다. 26일 미군이 참전하였지만, 다음날(27일) 수도를 대전으로 이전하였고, 3일 만에 북한군이 서울을 점령하였다. 6월 30일 미군 지상부대 4만 명이 전선에 투입되었지만, 북한군은 7월 4일 수원까지 점령하였다. 7월 6일 미군은 전략적으로 후퇴하여 평택에 방위선을 설치하였지만, 오후 6시 북한군이 평택을 점령하고 다음 날(7일) 충주까지 점령하였다.

---

66 『관보』제383호, 1950년 7월 8일.

찬! 아군 용전에 북괴군 전선서 패주중
(『경향신문』, 1950년 6월 27일)

위 사진은 1950년 6월 27일 『경향신문』의 1면 머리기사이다. 6월 26일 오전 10시 반 국방부 보도과는 '아군이 해주를 점령하는 등 혁혁한 전과를 올렸다'는 내용을 발표하였다. 중앙언론은 이를 사실 확인도 하지 않고 1면 머리기사로 보도하였다. 아직 계엄령이 선포되지 않았지만, 군은 검열을 실시하고 있었다. 27일 정부는 수도를 대전으로 이전하였으나 서울 시민은 잘못된 보도로 인해 피난할 수 있는 기회조차 갖지 못하였다.

언론보도와 달리 계속 후퇴하면서 군은 부족한 인적·물적 자원을 효과적으로 분배하기 위한 새로운 방어선을 수립할 수밖에 없었다. 경부선을 중심으로 한 충청도, 경상도 지역에 방어선을 구축하는 전략이다. 당시 군 지휘부는 경남지역을 중심으로 한 부산 교두보를 구축할 시간적 여유를 갖도록 주력을 편성하면서 사실상 호남지역은 북한군에 점령되도록 방기한 상황이었다.[67] 즉 전라도 지역에 대한 방기 전략적 측면에서 전라남·북도를 비상계엄지역에서 제외하였다.

국군과 미군 그리고 유엔군은 금강 방어선을 구축하고 강력 저지를 위한 사투를 벌였으나, 7월 16일 금강 방어선이 붕괴하면서 수도를 대구로 이전하였다. 19일 북한군이 이리를 점령하고, 20일 전주를 점령한 시점에 경상남·북도를 방어하고자 7월 21일 0시를 기해 전라남·북도에 비상계엄을 선포하였다. 선포된 계엄의 명칭은 「계엄 선포에 관한 건 중 개정의 건」으로, 이는 7월 8일 선포된 계엄지역 중 '전라남도 및 전라북도를 제외한 남한 전역'을 '남한 전역'으로 개정·공포한 것이었다.[68] 전라남·북도에 북한군 점령이 임박한 순간에 비상계엄을 선포한 것은 군에서 주장하는 '전쟁 수행의 효율성'보다는 점령지역 주민의 통제가 목적이었음을 잘 보여준다.[69]

계엄사령관 정일권은 7월 8일 비상계엄 선포와 동시에 포고문 제1호를 통해 전국 사법·행정 업무를 군이 장악한다면서 "一, 물자를 매점 혹은 은닉하여 경제교란을 시키는 자. 二, 무단히 직장을 이탈하는 자. 三, 유언비어를 유포하며 혹은 차에 준하는 행동을 하여 혼란을 초래케하는 자는 법에 의하여 처단한다"라고[70] 포고하였다.

이어 같은 날 중앙계엄고등군법회의와 경남지구계엄고등군법회의가 설치되었다. 이준식 수도사단장을 계엄사령관으로 하는 경상남·북도 계엄사령부가 설치되었다. 육군본부에서는 계엄 선포에 맞추어 7월 9일 민사부가 설치되었다. 이어 계엄사령관은 7월 9일 각 군에 「계엄

---

67 김춘수, 앞의 논문, 6쪽.
68 『관보』제384호, 1950년 7월 20일.
69 김춘수, 앞의 논문, 7쪽.
70 『남조선민보』, 1950년 7월 12일 ;『부산일보』, 1950년 7월 18일.

실시 요령에 관한 건」을 하달하여 계엄실시 요령에 따른 계획 수립과 실시를 지시하였고, 육군본부는 7월 9일 「작전명령제30호(1950.7.9.)」를 통해 북한군이 대전 지역에 편의대便衣隊, 유격대를 잠입시킬 계획이라고 보고 대전 중심의 주요 각 도로에 헌병을 배치하여 특별경계를 시행하도록 하였다. 7월 11에는 계엄실시에 따르는 국방부 각국의 사무를 계엄수행체계로 변경하였다. 1950년 7월 19일 전황의 변화에 따라 경남지구 계엄사령부가 신설되었다.[71] 그리고 7월 21일 0시를 기해 7월 8일 비상계엄 대상 지역에서 제외되었던 전라남·북도 지역에 비상계엄이 확대·선포되었다.

열세를 면하지 못하던 국군과 유엔군은 1950년 9월 15일 새벽 2시 인천상륙작전을 개시하면서 반격의 계기를 조성하였다. 그리고 9월 28일 서울을 수복하였다. 10월 1일 유엔군 사령관 맥아더는 북한 김일성에게 항복을 촉구하였고, 국군 제3사단은 오전 11시 45분 38선을 돌파하여 북진하였다. 이날 서울지구 계엄사령관에 이준식 육군 준장을 임명하였다.

10월 9일 유엔군이 북진北進작전을 개시하고 10월 10일 오전에 국군이 원산에 진입하였다. 전선이 대체로 3·8선 이북에서 전개되면서 이날 제주지역의 비상계엄을 해제하였다. 계엄 해제는 제주지역 어민들의 요청이 있었다. 반면 이북 전역에는 비상계엄을 선포하였다. 이후에도 특별한 조치 및 포고가 계속 이어졌고, 11월 11일 일부 지역은 비상계엄을 경비계엄으로 전환하였다.[72]

---

71 김춘수, 앞의 논문, 6쪽.

남한 전역에 대한 비상계엄 해제 요청은 10월 하순부터 국회와 각 지역에서 시작되었다. 10월 28일 국무회의에서는 '계엄령을 우선 서울·부산·대구·인천 등지만이라도 해제하기를 희망한다는 요청'이 있음을 보고하였다. 이에 대하여 10월 31일 국무회의에서 이승만은 국방부장관이 외국 사령관과 상의하라고 주문하였다. 그러나 내무부장관은 치안 상황을 들어 계엄 해제를 반대하였다.

계엄 해제와 관련한 국회의 움직임은 11월에 본격화되었다. 비상계엄 해제 의안은 10월 30일 서민호 의원 외 36인으로부터 제안되

북한 전 지역에 계엄령 선포와
제주지구 계엄 해제
(『동아일보』, 1950년 10월 14일)

었는데, 11월 1일 개최된 외무국방위원회(위원장 : 지청천)에서는 이를 보류키로 결의한 후 11월 2일 국회 본회의에 보고하였다. 11월 2일 비공개로 개회된 국회 제41차 임시본회의에서 3·8이남 전역에 걸쳐 계엄을 해제할 것에 대한 동의를 재석 114인 중 63인 찬성으로 가결

---

72 제주도, 경상남도 중 부산시, 마산시와 주요군, 경상북도 중 대구, 김천, 포항 및 주요 군을 제외한 남한전역을 대상으로 경비계엄을 선포하였다(백윤철 앞의 논문, 214쪽).

하였다. 외무국방위원회 보류 결의를 국회 본회의에서 부결시키고 계엄 해제 동의 원안을 가결하였다. 정부는 국회의 요구에 따라 11월 7일 비상계엄을 해제하였다.

11월 10일 오전 0시를 기하여 「계엄 선포에 관한 건」을 통해 경비계엄이 선포되었다. 경비계엄의 목적은 '잔재 병력 소탕과 반국가적 요소의 삼제芟除'였다. 더 이상 '작전상의 필요'를 계엄 선포의 목적으로 내세우지 못했다. '공비소탕'과 반국가적 요소의 제거가 계엄상태 유지의 명분으로 등장하기 시작하였다.

1951년 1·4후퇴를 기점으로 퇴각을 거듭하던 유엔군과 국군이 1951년 2월 10일 인천을, 3월 15일 서울을 수복하여 전선은 교착상태에 들어갔다. 이러한 전황의 변화에 따라 유엔에서는 정전안 논의가 활발해지기 시작하였다. 또한 국회에서는 계엄 해제를 요구하였고, 정부와 군은 '공비소탕'과 '반국가적 공산세력 침투 봉쇄'를 이유로 계엄 전면 해제를 거부하는 한편, 비상계엄을 지역적으로 해제하고 경비계엄으로 계엄의 종류를 전환하는 방식으로 대응하였다. 즉 계엄은 선포와 해제를 거듭하면서 후방에서 보이지 않는 전쟁을 수행하는 도구로 활용되고 있었다.[73]

---

73 김춘수, 앞의 논문, 18쪽.

4
부산정치파동과 계엄

한국전쟁이 한창이던 1952년 5월 25일 이승만은 경상남도, 전라남도, 전라북도 23개 시·군에 계엄령 비상계엄을 선포하였다. 제4차 비상계엄 선포는 부산정치파동(발췌개헌)과 연관되어 있다.

1950년 5월 30일 치러진 제2대 국회의원 총선거에서 총 210석 중 126석(60%)을 무소속이 얻으면서 강세를 보였다.[74] 이승만 지지 세력이 대거 낙선한 제2대 총선 결과는 대통령 재선을 노리는 이승만에게 절대적으로 불리하였다. 즉 국회의 대통령 간접선출제에 대한 별도의 방안을 모색하지 않을 수 없게 되었다. 특히 당시 제2대 국회가 출범하면서 이승만의 탄핵설까지도 대두되었다. 그러나 한국전쟁이 발발하면서 이승만은 그 위기를 모면하였다.

제헌헌법 당시부터 의원내각제 권력구조를 선호했던 야당 국회의원들과 대통령 직선제의 개헌이 절대적으로 필요했던 이승만은 계속해서 부딪혔다. 1951년 11월 28일 이승만은 대통령 직선제와 국회 양원제

---

74 발췌개헌은 주철희의 『대한민국 현대사』1(더읽다, 2024)를 참조.

(민의원과 참의원)를 골격으로 하는 개헌안을 국회에 제출하였다.[75] 이승만이 국회 양원제를 채택한 이유는 국회의 권한을 약화시키려는 의도였다. 야당은 대통령 직선제와 관련하여 국민의 생명과 재산이 파괴된 전쟁 중에 그 부작용이 크다는 이유로 반대하였다. 1952년 1월 18일 정부가 제출한 대통령 직선제 개헌안이 표결에 부쳐졌다. 재적의원 163인 중 찬성 19표, 반대 143표, 기권 1표라는 압도적인 표 차로 부결되었다.[76] 이는 야당인 민국당이 반대한 결과로써 국회 권력을 야당이 장악하고 있음을 확인할 수 있다. '국부'를 자처한 이승만에게는 큰 충격이었을 것이다.

이승만 대통령의 '대통령 직선제' 개헌 실패는 정치적 위기를 자초하였다. 야당의 반격이 시작되었다. 정부 측의 개헌안을 부결시킨 야당은 다시 내각책임제 개헌을 꺼내 들었다. 1952년 4월 17일 민국당을 중심으로 한 반이승만 세력은 곽상훈 의원 외 122명의 연서로 의원내각제 개헌안을 국회에 제출하였다. 의원내각제 개헌안의 핵심은 국무총리의 지위와 권한의 강화였다. 앞서 1차 개헌(1951년 3월 14일)에서 부결되었던 '권력구조' 개편을 다시 제출했다는 것은 그만큼 각오도 남달랐다고 할 수 있다.

당시 이승만 대통령이 이에 대응하여 선택한 묘수가 발췌개헌이다. 대한민국 정부 수립 이후 첫 번째 헌법 개정을 이른바 '발췌개헌'이라

---

75 민의원의 임기는 4년, 참의원의 임기는 6년으로서 2년마다 의원의 3분의 1을 선출한 제도이다. 부통령은 참의원 의장이 되었다. 이승만은 개헌을 통해 대통령 직선제를 추구할 뿐만 아니라 행정부와 입법부를 미국과 동일한 형태로 재편하고자 하였다.

76 국회사무처, 『국회속기록』제12회 제9호(1952년 1월 18일).

고 한다. 발췌개헌은 한국전쟁이 한창인 1952년 7월 2일 임시수도 부산의 피난 국회에서 통과되었다. '발췌개헌'은 대한민국 헌정사상 첫 번째 친위쿠데타라고 할 수 있다. 국가권력이 민주주의를 짓밟은 잘못된 행위의 표상이다.

야당이 1952년 4월 17일 '내각책임제' 개헌안을 국회에 제출하자, 이승만도 그에 대응하는 행동을 취하였다. 그 첫 번째가 1952년 4월 20일 장면 국무총리의 사표를 처리하고, 국회 21명의 세력을 가진 장택상 의원을 국무총리로 임명하였다. 또한, 4월 19일부터 24일 사이에 일어난 격렬한 데모를 막지 못한 책임을 물어 내무부 장관마저 조병옥에서 이범석으로 교체하였다.

내각책임제로 통치구조를 전환하려는 야당과 대통령 직선제를 관철하려는 이승만의 대립은 전면전 양상을 띠었다. 1952년 4월 17일 야당의 '내각책임제' 개헌에 맞서 이승만은 5월 14일 다시 '대통령 직선제'를 국회에 제출하였다. 아울러 국민회·조선민족청년단·대한청년단·노총 등 어용단체의 관제 데모와 백골단·땃벌떼·민족자결단 등을 동원하여 '대통령 직선제'를 반대하는 야당 의원을 위협하고 비난하는 벽보를 곳곳에 붙이며 공포 분위기를 조성하였다. 또한, '데모대'는 신익희 국회의장에게 14명의 의원을 제명할 것을 요구하였다. 이에 응하지 않을 때는 국회의원 전부를 반민족행위자로 간주하고 국회를 해산할 것이라고 협박하였다.[77] 이승만의 여론몰이 습성이 이번에도 드러났다.

---

77 『동아일보』, 1952년 5월 20일.

이승만은 나아가 초강경책을 내놨다. 금정산공비사태를[78] 기점으로 1952년 5월 25일 비상계엄을 선포하였다.

국무원 공고 제37호[79]

국무회의 의결을 거쳐 다음과 같이 계엄을 선포한다

대통령 이승만

단기 4285년 5월 24일

〈국무위원 명단 생략〉

一. 이유 :

후방지역내에 반거하는 공비를 완전소탕하고 반국가적 공산세력의 침투를 완전봉쇄하여 급속한 후방치안을 확보하기 위한 군사상의 필요에 의함

二. 종류 : 비상계엄

三. 시행 : 단기 4285년 5월 25일 오전 영시

四. 지역과 계엄사령관 :

지 역	계엄사령관
전라북도 중 진안군, 장수군, 임실군, 남원군, 순창군, 정읍군 전라남도 중 순천시, 담양군, 곡성군, 구례군, 광양군, 승주군, 화순군, 보성군	육군중장 이종찬
경상남도 중 부산시, 동래군, 밀양군, 양산군, 울산군, 하동군, 산청군, 함양군, 거창군	육군소장 원용덕

---

78 부산 시외에 있는 금정산에서 공비들이 천막치고 작업 중이던 미군 공병분대를 습격해 수 명을 죽였다고 알려진 사건이다. 그러나 이는 교도소에서 복역 중인 범죄자를 공비로 위장한 자작극 사건이다.

79 『관보』제639호(국무원공고 제34호), 1952년 5월 24일.

계엄령 선포의 이유는 후방지역(경상남도와 전라남·북도)에 존재한 공비를 완전히 소탕하여 치안을 유지하기 위함이라고 하였다. 계엄의 종류는 비상계엄이었으며, 계엄지역은 경상남도, 전라남도, 전라북도 23개 시·군이었다. 전라남·북도를 관할하는 계엄사령관에 육군 중장 이종찬을 임명하고, 경상남도를 관할하는 계엄사령관에 원용덕 육군 소장을 임명하였다.

공고에서 계엄 선포 이유를 후방치안 확보라고 하였지만, 실질적인 이유는 다른 데 있었다. 이승만은 비상계엄을 앞세워 의원내각제 개헌을 추진하는 국회의원들에게 압박을 가하면서 대통령 직선제 개헌을 성사시킬 의도였다. 야당 국회의원들은 즉각 반발하였다. 이승만은 국회 해산까지도 강행하겠다고 엄포를 놨다.

국회 통근버스를
검문하는 헌병
출처 : 『대한민국국회 50년사』

계엄령을 선포한 다음 날인 5월 26일, 국회에 등원하던 야당 의원 47명이 탄 버스를 의사당 정문에서 연행하여 헌병대로 끌고 갔다.[80]

---

80 『동아일보』, 1952년 5월 28일 ; 『경향신문』, 1952년 5월 29일.

그리고 이 중에 10명의 국회의원을 국제공산당과 관계되었다며 구속하였다. 제1공화국 법에는 국회의원의 불체포특권이 명시되어 있었으나, 이승만 대통령은 현행범을 제외한다는 구절을 이용하여 이들을 체포하였다. 부산정치파동의 서막이다.

5월 28일 국회는 계엄법 제21조의 "국회가 계엄의 해제를 요구할 때에는 대통령은 이를 해제하여야 한다"는 규정을 근거로 '부산지구'에 한하여 계엄령 해제를 요구하는 긴급동의안을 결의하였다. 국회 표결 결과, 재적의원 139인 중 찬성 96명 반대 3명으로 긴급동의안이 의결되었다.[81] 그런데도 이승만은 부산지구 계엄령을 해제하지 않았다. 계엄령이 해제된 것은 7월 28일이다.

6월 2일 이승만 대통령은 장택상 국무총리를 통해 24시간 이내 '대통령 직선제'가 통과되지 않는다면 국회를 해산하겠다고 위협하였다. 그러나 국제적으로 비난 여론이 쇄도했고, 특히 미국 정부는 국회 해산이 이루어지면 대한 정책을 재고하겠다고 경고하였다. 이승만은 6월 4일 국회 해산을 보류한다고 표명하였다. 부통령 김성수는 계엄 선포를 비난하면서 부통령직에서 사임하였다.

미국이 대한對韓 정책을 재고할 수 있다고 경고했지만, 미국도 대안이 없기는 마찬가지였다. 여전히 전쟁 중이었고, 공산주의 진영으로부터 우방 진영을 지켜줄 유일한 인물이 이승만이라고 생각하였다. 미국은 여러 경로를 통해 이승만에게 야당과 타협할 것을 권고하였다. 결국 당시 국무총리 장택상이 대통령 직선제 정부안과 의원내각제 국회

---

81 『동아일보』, 1952년 5월 29일.

안을 절충하여 필요한 조항을 발췌한 개헌안을 마련하기에 이르렀다. 이를 '발췌개헌'이라고 지칭한다.

정부 개헌안과 야당 개헌안 중에서 좋은 것만을 발췌하여 절충한 개헌이었다. '좋은 것만' 발췌한다는 것의 실상은 이승만의 대통령 재선을 위한 취사선택이었다. 정부가 제출한 대통령 직선제와 상·하 양원제에 국회가 제안한 개헌안 내용 중 국무총리의 요청에 의한 국무위원의 면직·임명과 국무위원에 대한 국회의 불신임결의권 등을 덧붙인 절충안이었다. 이것은 기세가 꺾인 야당에 어느 정도의 명분을 주자는 것에 불과하였다.

발췌개헌(1952년 7월 4일)
경남도청 무덕전에서 개헌안
이 기립표결로 통과되었다.
출처 : 『대한민국국회 50년사』

1952년 7월 4일 밤 계엄군은 국회를 포위하였다. 신익희 의장은 개헌안을 표결에 부쳤다. 국회의원은 기립표결로 출석의원 166명 중 찬성 163표, 반대 0표, 기권 3표로 발췌개헌안이 통과되었다. 자유당의 국회 의석수가 절대 부족한 상황에서 재선을 할 수 있는 유일한 방법은 '대통령 직선제'였다. 결국 이승만은 국회의 권능을 누르고 염원을 실현하였다. 정부는 7월 7일 제1차 개정헌법을 공포하였고, 이로써 부산정치파동은 일단락되었다.

이승만은 자기의 뜻을 관철하면서 1952년 7월 28일 계엄을 해제하였다. 해제 이유는 8월 5일 실시되는 정·부통령선거의 자유로운 분위기를 보장하기 위함이었다.[82] 계엄 선포 이유였던 금정산 공비 출몰 등 공비의 완전한 소탕을 통한 후방 치안유지 확보라는 게 얼마나 허무맹랑한 거짓말이었는지를 여실히 보여준다.

정부는 1952년 8월 5일을 정·부통령 선거일로 공포하였다. 헌정사상 최초의 대통령 직선제 선거이다. 자유당은 7월 19일 대전에서 전당대회를 열어 대통령 후보에 이승만, 부통령 후보에 이범석을 선출하였다. 제2대 정·부통령 선거에서 대통령 후보는 총 4명(이승만, 조봉암, 이시영, 신흥우)이 출마하였다. 대통령에 이승만 자유당 후보가 74.6% 득표율로 당선되었다. 부통령선거에서는 자유당의 이범석 후보(25.5%)가 무소속의 함태영 후보(41.3%)에게 패배하였다. 이승만의 대통령 재선에는 비상계엄이 있었다.

1952년 4차 비상계엄은 헌정사상 처음으로 비상사태를 동원하여 대통령이 자기의 권력을 유지·확대하려는 방도에서 선포되었다. 즉 헌정질서를 교란하면서까지 권력에 집착했던 4차 비상계엄 선포는 이후에 정치에 목적을 둔 권력자들의 표본이 되었다.

---

82 『관보』제704호(국무원공고 제40호), 1952년 7월 27일.

5
영구집권과 4·19혁명 그리고 계엄

1960년 3월 15일은 제4대 대통령과 제5대 부통령을 선출하는 선거일이다. 여당인 자유당은 대통령 후보로 이승만을, 부통령 후보로 이기붕을 각각 지명하였다. 야당인 민주당은 조병옥과 장면을 대통령과 부통령 후보로 지명하였다. 그러나 민주당 대통령 후보 조병옥이 미국에서 수술받고 10일 만에 사망하면서, 이승만은 단독 후보가 되어 무투표로 대통령에 당선되었다. 결과적으로 3·15선거는 자유당과 민주당 모두 부통령선거에 매달릴 수밖에 없는 처지가 되었다.[83]

3월 15일 새벽부터 전국의 유권자는 대통령과 부통령 선출을 위해 투표소로 향했다. 하지만 유권자가 후보자 당락을 결정할 수 있다는 생각은 순진무구 그 자체였다. 주권재민은 공권력에 의해 처참하게 무너져 있었다. 투표에서부터 개표를 거쳐 당선 공고에 이르기까지 모든 절차는 이미 짜 놓은 각본대로 흘러갔다.[84] 자유당의 이기붕이

---

83 4·19혁명은 주철희의 『대한민국 현대사』1(더읽다, 2024)을 참조.
84 이기하 외, 『한국의 정당』, 한국일보사, 1987, 297쪽.

79.2%를 득표하여 17.5%를 얻은 민주당 장면을 누르고 부통령에 당선되었다.

국민의 수준을 무시하고 저지른 노골적인 불법과 탈법의 부정선거는 국민의 공분으로 나타났다. 마산 3·15의거 이전에 대구, 서울, 대전, 광주, 원주 등 전국 곳곳에서 부정·불법 선거에 반대하는 시위가 벌어졌다. 그리고 급기야 마산 3·15의거와 4월 11일 김주열 열사의 시신이 바다에 떠오르면서 정국은 혼돈 속으로 빠져들었다.

4월 18일, 그동안 고등학생의 피 흘림에 침묵했던 대학생들이 거리로 나섰다. 18일 고려대학교 시위를 시작으로 19일 서울대학교 학생 2천여 명이 '민주주의를 위장한 백색 전제주의에 항거한다'는 선언문을 낭독하고 교문을 출발하여 국회의사당 앞에 집결하였다. 이윽고 건국대 1천5백여 명, 동국대 1천여 명, 서울사대 1천5백여 명, 동성고 1천여 명, 서울의대·약대 1천6백여 명, 고려대 2천여 명, 중앙대 4천여 명, 연세대 4천여 명, 성균관대 1천5백여 명, 경희대 1천여 명을 비롯하여 경기대, 서울음대, 단국대, 국학대, 국민대, 한양대, 서라벌예대, 성신여대, 홍익대 등이 국회의사당과 세종로 거리에 운집하였다.

학생 시위대는 국회의사당에서 대통령의 집무실인 경무대로 향하였다. 시위대가 경무대에 이르자 경찰은 기다렸다는 듯이 총을 발포하였다. 시민과 학생들은 물러서지 않고 항거하였다. 더 이상 경찰만으로는 시위를 막을 수 없다고 판단한 이승만은 4월 19일 오후 1시 경비계엄을 선포하였다.

다음 『관보』를 보면 국무원 공고 제82호, 제83호, 제84호가 4월 19일 하루에 공고되었다.[85]

● 國務院公告第八二號

國務會議의 議決을 거쳐 다음과 같이 戒嚴을 宣布한다

檀紀四千二百九十三年四月十九日

大統領　李承晩 [印]

國務委員　內務部長官　洪　璡　基
國務委員　財務部長官　宋　仁　相
國務委員　國防部長官　金　貞　烈
國務委員　文敎部長官　崔　在　裕
國務委員　復興部長官　申　鉉　碻
國務委員　農林部長官　李　根　直
國務委員　商工部長官　金　永　燦
國務委員　保健社會部長官　孫　昌　煥
國務委員　交通部長官　金　一　煥
國務委員　遞信部長官　郭　義　榮

一、理　由
擾亂된秩序를回復하
고公共의安寧을維持
하기爲함

二、種　類
警備戒嚴

三、施行日時
檀紀四千二百九十三
年四月十九日下午一
時

四、地　城
서울特別市、慶尙南
道釜山市、慶尙北道
大邱市、全羅南道光
州市、忠淸南道大田
市

五、戒嚴司令官
陸軍中將　宋堯讚

● 國務院公告第八三號

國務會議의 議決을 거쳐 다음과 같이 戒嚴을 宣布한다

檀紀四千二百九十三年四月十九日

大統領　李承晩 [印]

國務委員　內務部長官　洪　璡　基
國務委員　財務部長官　宋　仁　相
國務委員　國防部長官　金　貞　烈
國務委員　文敎部長官　崔　在　裕
國務委員　復興部長官　申　鉉　碻
國務委員　農林部長官　李　根　直
國務委員　商工部長官　金　永　燦
國務委員　保健社會部長官　孫　昌　煥
國務委員　交通部長官　金　一　煥
國務委員　遞信部長官　郭　義　榮

一、理　由
戒嚴法第四條에依하
여擾亂된秩序를回復
하고公共의安寧을維
持하기爲함

二、種　類
非常戒嚴

三、施行日時
檀紀四千二百九十三
年四月十九日下午五
時

四、地　城
서울特別市、慶尙南
道釜山市、慶尙北道
大邱市、全羅南道光
州市、忠淸南道大田
市

五、戒嚴司令官
陸軍中將　宋堯讚

● 國務院公告第八四號

國務會議의 議決을 거쳐 戒嚴法施行令第
十四條와戒嚴司令部聯制第三條第二項
의規定에依하여戒嚴司令部內에特別
市에、地方戒嚴事務所는慶尙南道釜山
市、慶尙北道大邱市、忠淸南道大田市、
全羅南道光州市에各各設置하고戒嚴司
令部에行政課、法務課、動員課및治安
課를둔다

檀紀四千二百九十三年四月十九日

大統領　李承晩 [印]

國務委員　國防部長官　金　貞　烈

국무원공고 제82호

국무회의의 의결을 거쳐 다음과 같이 계엄을 선포한다.

단기 4293년 4월 19일

대통령 이승만

〈국무위원 생략〉

一. 이유 : 교란된 질서를 회복하고 공공의 안녕을 유지하기 위함

二. 종류 : 경비계엄

三. 시행 : 단기 4293년 4월 19일 하오 1시

四. 지역 : 서울특별시, 경상남도 부산시, 경상북도 대구시,
　　　　　 전라남도 광주시, 충청남도 대전시

五. 계엄사령관 : 육군중장 송요찬

　국무원 공고 제82호에서 계엄 선포 원인은 교란된 질서를 회복하고 공공의 안녕을 유지하기 위함이다. 계엄의 종류는 경비계엄이고 계엄 선포 지역은 서울특별시, 경상남도 부산시, 경상북도 대구시, 전라남도 광주시, 충청남도 대전시 등 5개 도시이다. 계엄사령관에 육군 참모총장 송요찬 중장을 임명하였다.

　국무원 공고 제82호에서 서울, 부산, 대구, 광주, 대전이 4월 19일 1시 경비계엄이 동시에 선포된 것처럼 공고되었으나, 실제로는 서울특별시 일원에만 오후 1시에 경비계엄을 선포하였고, 이후 오후 4시 30분 부산, 대구, 광주, 대전 등 4개 도시에 추가로 계엄령을 선포하였다. 이는 계엄사령관으로 임명된 송요찬의 포고문 제1호에 잘 드러난다.[86]

86　『동아일보』, 1960년 4월 20일.

위 『관보』에 국무원 공고 제83호는 4월 19일 오후 5시를 기해 경비계엄을 비상계엄으로 변경한 공고이다. 그리고 국무원 공고 제84호는 계엄사령부를 서울특별시에 설치하고, 지방계엄사무소를 부산시, 대구시, 대전시, 광주시에 각각 설치한다는 공고이다. 이에 따라 부산지구 계엄사령관으로는 군수기지사령관 박정희 소장, 대구·광주·대전의 계엄사령관으로는 3군사령관 장도영 중장이 임명되었다.

서울지역 계엄사령관 송요찬의 첫 일성은 '경망한 행동 말라'는 겁박의 포고문이었다. 포고문 제1호를 보면,

현하 북한괴뢰는 남침의 기회만을 노리고 호시탐탐하는 차제에 근간 서울 시내의 공공질서는 극단히 문란한 지경에 도달하여 일부 무지각한 군중들은 부화뇌동하여 소요행위를 자행하는 등 중대한 사태에 이르러 정부는 국무원 공고 82호로써 서울특별시 일원에 대하여 단기 4293년 4월 19일 13시 현재로 헌법 및 계엄법에 의거하여 경비계엄을 선포하였습니다.

포고문 제1호는 경비계엄 선포와 4시 30분에 서울 일원의 경비계엄이 부산, 대구, 대전, 광주로 확대되었으며, 각 지구에 임명된 계엄사령관을 발표하였다. 이어 곧바로 포고문 제2호와 제3호를 발표하였다.

포고문 제2호
一. 현재 진행 중인 모든 집회는 즉각 해산하라.
二. 일절의 옥외집회를 불허한다.
三. 계엄지구 내의 제 학교 학생의 등교를 중지한다.
四. 통행금지 시간제한을 준수하라(19시 익 5시).

五. 언론·출판·보도 등은 사전 조치를 받으라.

六. 유언비어 날조 유포를 불허한다.

七. 위법자는 법원의 영장없이 체포구금한다.

이상의 위반자는 의법 엄중 처단한다.[87]

포고문 제3호

국무원공고 제83조에 의한 계엄부사령관 및 각 지구계엄사무소장을 좌左기와 여如히 포고한다.

계엄부사령관 장도영 중장, 부산지구계엄사무소장 박정희 소장, 대구지구계엄사무소장 윤춘근 소장, 광주지구계엄사무소장 박현수 소장, 대전지구계엄사무소장 임부택 소장.

포고문 제2호는 국민의 기본권을 제한하는 내용의 포고였고, 위반자는 엄중히 처단한다고 하였다. 포고문 제3호는 계엄사령부 부사령관과 지구계엄사무소장 임명에 관한 포고였다. 계엄사령부 직제 제2조에 따르면 "계엄사령부 부사령관 1인을 둘 수 있으며, 부사령관은 현역장관 중에서 국방부장관이 올린 자를 국무회의의 의결을 거쳐 대통령이 명한다"고 되어 있다. 이에 따라 부사령관으로 장도영 육군중장이 임명되었다. 당시 계엄법이나 계엄사령부 직제에는 '지구계엄사령부 또는 지역계엄사령부'의 설치에 관한 규정이 없다. 그런데 지구계엄사령부를 설치하고 그에 따른 사무소장을 임명하였다.

계엄 선포와 함께 탱크부대 1개 중대와 일개 사단 병력이 서울 시

---

87 『동아일보』, 1960년 4월 20일 ; 『조선일보』, 1960년 4월 20일.

내에 진격하여 서울시청, 국회의사당, 경무대 등 주요 시설과 도로에 배치되었다. 국회는 시국대책위원회를 구성하고 활동을 시작하였다. 10월 23일 첫 번째 회의에서 계엄령 선포의 적법성과 계엄 해제를 검토하였으나, 결론을 맺지 못했다.

서울시청 앞 계엄군과 탱크(『조선일보』, 1960년 4월 20일)

4월 25일 오전 5시를 기하여 경상남도 부산시, 경상북도 대구시, 전라남도 광주시, 충청남도 대전시의 비상계엄을 경비계엄으로 변경하였으며,[88] 4월 26일 오전 5시를 기하여 서울특별시에 선포된 비상계엄도 경비계엄으로 변경하였다.[89] 이는 25일 국회 본회의에서 비상계엄이 법적 요건을 갖추지 않은 불법이란 이유로 비상계엄 해제 요구안

---

[88] 공보실, 『관보』제2563호(국무원 공고 제85호) 1960년 4월 24일.
[89] 공보실, 『관보』제2564호(국무원 공고 제86호) 1960년 4월 25일.

25일 밤 최루탄 발사에도 불구하고 '탱크'가 포위한 가운데 구호를 외치고 있는 데모 군중들
…서울세종로에서(『동아일보』, 1960년 4월 26일)

이 의결되었기 때문이다. 당시 계엄법 제12조에 따라 국회의 계엄 해
제 요구를 대통령이 국무회의 의결을 거쳐 비상계엄을 해제하였다. 다
만 경비계엄까지 해제하게 되면 시위를 진압할 방도가 없다는 이유로
계엄은 계속 유지하였다.

　　같은 시간(4월 26일 오전 5시)에 서울특별시의 경비계엄은 다시 비상
계엄으로 변경되었다.[90]　이는 서울 시내의 시위가 25일 밤에 다시 격
화되면서 이를 수습하기 위함이었다.

　　4월 26일 오전 10시 이승만은 특별담화를 발표하였다. 이승만은
"국민이 원한다면 대통령직을 사임하겠다"고 하면서, "3·15정·부통령
선거에 많은 부정이 있다 하니 선거를 다시 하도록 지시하였다. 선거
로 인한 모든 불미스러운 것을 없이 하기 위하여 이미 이기붕 의장에
게 공직에서 완전히 물러나도록 하였다. 내가 이미 합의를 준 것이지
만 만일 국민이 원한다면 내각책임제 개헌을 하겠다"[91] 고 밝혔다. 이

90　공보실, 『관보』제2564호(국무원 공고 제86호) 1960년 4월 25일.
91　『동아일보』, 1960년 4월 27일.

승만의 하야는 계엄군의 탱크를 온몸으로 막아낸 시민의 승리였다.

이승만이 하야를 발표한 4월 26일 오후 2시를 기하여 경상남도 부산시, 경상북도 대구시, 전라남도 광주시, 충청남도 대전시의 경비계엄을 다시 비상계엄으로 변경하였다.[92] 그리고 4월 27일 0시를 기하여 교란된 질서를 회복하고 공공의 안녕을 유지하기 위한다는 이유로 경상남도 마산시에도 비상계엄을 선포하였다. 계엄사령관으로는 육군중장 송요찬이 임명되었다.[93]

민권과 민주주의 승리였음에도 비상계엄은 지속되었다. 계엄사령관 송요찬은 5월 2일 외국기자단과 회견에서 "만약 학생 데모가 재발하면 좀 더 강력한 조치를 취할 것이다"면서 "이는 오열五列[94] 이 조정할 가능성이 다분히 있기 때문이다"고 밝혔다. 그러면서 계엄을 언제 해제할 것이냐는 기자의 질문에 "경찰이 완전히 중립화로 개편되어 기능을 제대로 발휘한 후가 될 것이다"고 하였다.

5월 23일 계엄사령관이 송요찬에서 육군중장 최영희로 변경되었다.[95] 송요찬 사령관은 5월 22일 계엄사령관직 사표를 제출하면서 "비상계엄을 해제하고 경비계엄으로 바꾸는 것이 좋을 것이다"고 밝혔다.

---

92 공보실, 『관보』제2565호(국무원 공고 제88호), 1960년 4월 26일.

93 공보실, 『관보』제2565호(국무원 공고 제89호), 1960년 4월 26일.

94 스파이, 공작원, 정보 계열 또는 (주로 이념적인) 내부의 적을 일컫는 은어이다. 해방 직후부터 1960년대 초반까지 '오열'이라는 표현이 널리 쓰였으나, 1960년대 후반부터 '프락치'란 단어가 더 널리 사용되었고 1990년대 이후에는 거의 사용하지 않는 단어이다.

95 공보실, 『관보』제2585호(국무원 공고 제92호), 1960년 5월 23일.

5월 28일 0시를 기하여 서울특별시, 부산시, 마산시, 대구시, 광주시, 대전시의 비상계엄이 경비계엄으로 변경되었다.[96] 그리고 7월 16일 0시를 기해 경비계엄도 해제되었다.[97] 해제 이유는 "경찰 기능이 회복되고 치안 및 질서가 점차 정상화됨에 따라 앞으로 우려할 만한 치안의 교란은 없을 것으로 사료된다"라는 것이다. 계엄 해제에 따라 계엄사령부 및 지방 계엄사무소도 모두 폐지되었다.

4·19혁명 당시 계엄은 경비계엄과 비상계엄의 선포와 해제를 거듭하며 약 3개월간 유지되었다. 이때 비상계엄의 경우 그 요건이 명확해야만 한다는 것을 국회에서 지적하였다. 그리고 4·19혁명 당시 학생·시민 186명이 희생되었다. 만약 계엄군으로 출동했던 군인이 시위 진압에 더 적극적으로 나섰다면, 희생자는 훨씬 많았을 것이다. 계엄군이 경비에 초점을 맞추었고, 진압작전에 소극적으로 나섰기에 그나마 다행이었다.

4·19혁명이 성공할 수 있었던 것은 시민들의 민주주의에 대한 열망이었다. 불의에 대한 저항이었다. 주권자인 시민 앞에 계엄군도 적극적으로 행동할 수 없었다. 그것이 가능했던 것은 이때까지만 해도 군인은 군인으로서 책무에 충실하였다. 즉 정치군인이 아니었다. 4·19혁명의 비상계엄을 끝으로 우리나라에는 정치군인이 판치는 시대로 급격하게 전환되었다. 5·16군사쿠데타이다.

---

96 공보실, 『관보』제2589호(국무원 공고 제93호), 1960년 5월 27일.
97 공보실, 『관보』제2626호(국무원 공고 제96호), 1960년 7월 15일.

3장

박정희와 계엄 그리고 독재자

1
5·16쿠데타와 계엄

　1961년 5월 16일 새벽, 육군 제2군사령부 부사령관 박정희 소장
이 이끄는 군부 세력은 한강 인도교를 건너 서울 시내로 진입하였다.
장교 250여 명 및 사병 3,500여 명으로 구성된 쿠데타군은 중앙청과
육군본부, 중앙방송국, 서울시청, 서울시 경찰국 등의 주요 기관을 점
령하였다. 쿠데타군을 저지하기 위해 한강 북단에 100여 명의 헌병대
가 파견되었지만, 쿠데타를 막기에는 역부족이었다. 쿠데타를 막는 전
투에서 헌병대원 2명이 다쳤다.[98]

　새벽 5시, 서울중앙방송을 통해 이른바 '혁명공약문'이 첫 전파를
탔다. '혁명공약문' 방송은 쿠데타의 시작과 동시에 쿠데타의 성공을
자축하는 의미였다. 이윽고 전단 35만여 장이 서울 시내에 뿌려졌다.

　군사쿠데타를 일으킨 군부는 군사혁명위원회를 설치했으며 의장은
육군참모총장 장도영 중장이, 부의장은 육군소장 박정희가 차지하였다.
쿠데타군은 오전 8시 육군본부 상황실에 혁명위원회 본부를 설치하고,
오전 9시 대한민국 전역에 비상계엄을 선포하였다.

---

[98]　5·16쿠데타는 주철희의 『대한민국 현대사』1(더읽다, 2024)을 참조.

官報

第二千八百五十六號
단기四二九四년五월十六일
국무원사무처 발행

● 軍事革命委員會令第一號

非常戒嚴令宣布

革命政權의 軍事革命委員會는 公共安寧 秩序를 維持하기 爲하야 檀紀四二九四年 五月十六日九時現在로써 大韓民國全域에 亘하여 非常戒嚴을 宣布한다

檀紀四千二百九十四年五月十六日
軍事革命委員會議長
陸軍中將　張都暎

● 軍事革命委員會令第二號

戒嚴司令官과 各地區戒嚴事務委員 任命

戒嚴司令官＝各地區戒嚴事務所長
任命
陸軍少將　朴正熙

前方＝第一軍司令官
陸軍中將　李翰林

後方＝第二軍司令官
陸軍中將　崔景祿

서울特別市京畿道戒嚴事務所長
六管區司令官
陸軍少將　徐鐘喆

● 忠淸南北道地區戒嚴事務所長
第三管區司令官
陸軍少將　金桂元

● 全羅南北道地區戒嚴事務所長
第一管區司令官
陸軍少將　金益烈

● 慶南、慶北地區戒嚴事務所長
第五管區司令官
陸軍少將　朴基丙

● 江原、慶北地區戒嚴事務所長
第二管區司令官
陸軍少將　朴炫洙

軍需基地司令官
陸軍中將　張都暎

檀紀四千二百九十四年五月十六日
軍事革命委員會議長
陸軍中將　張都暎

● 軍事革命委員會布告第一號

軍事革命委員會는 軍事革命委員會令第一號로써 大韓民國全域에 亘하여 檀紀四二九四年五月十六日午前九時를 期하여 非常戒嚴을 宣布한바에 따라 國內의 秩序의 維持와 治安確保上 必要한 限度內에서 다음 諸項을 國民에게 布告한다

서嚴正하게 이를 運營할것임

國民諸位는 軍을 信賴하고 國家再建을 爲한 革命課業遂行에 積極的인 協調를 바라며 이에 다음 事項을 布告한다

一、一切의 屋內、外集會를 禁한다
但 宗敎團體는 除外한다

二、誰何를 莫論하고 國外旅行을 不許한다

三、言論、出版、報道等의 事前檢閱을 받으라
이에 對해서 治安確保上 有害로운 記事、論說、漫畵、寫眞等의 日本革命에 關하는 內容을 公開하여서는 안된다
但 細部處理要項은 追後公布한다

四、一切의 報復行爲를 不許한다

五、誰何를 莫論하고 職場을 無斷離脫하거나 關聯된 一切記事를 事前에 檢閱을 받으며 外國通信의 轉載도 이에 準한다

六、流言蜚語의 捏造流布를 禁한다

七、夜間通行禁止時間은 午後七時부터 翌日아침五時까지 嚴守하라
以上의 違反者및 違法行爲者는 法院의 令狀없이 逮捕、拘禁하고 極刑에 處한다

檀紀四二九四年五月十六日午前九時를 期하여 國內全金融機關의 一切金融을 凍結한다

● 軍事革命委員會布告第二號

金融凍結令

檀紀四二九四年五月十六日午前九時를 期하여 國內金融機關의 一切金融을 凍結한다
但 細部處理要項은 追後公布한다

軍事革命委員會議長
陸軍中將　張都暎

● 軍事革命委員會布告第三號

國內全空港과 港灣은 檀紀四二九四年五月十六日上午九時를 期하여 封鎖하고 다음과 같이 施行한다

一、空港

一、國際線의 運航은 制限하지 않는다

5·16쿠데타 당시 제2공화국 헌법에서 계엄 선포는 대통령의 권한으로 규정하였지만, 그 전제가 국무회의 의결에 따라 선포할 수 있었다. 즉 제2공화국은 의원내각제 통치구조로서 행정권에 속하는 국무원은 국무총리와 국무위원으로 조직되었고, 국무총리가 국무회의의 의장이 되었다. 국무총리가 의장인 국무회의에서 의결을 전제로 계엄을 선포할 수 있기에 실질적인 계엄 선포 권한은 국무총리에게 있다고 할 수 있다. 다만, 무분별한 계엄 선포를 막기 위해서 국무회의 의결이 되었다고 하더라도 대통령에게 계엄 선포를 거부할 수 있는 권한이 주어졌다.

5·16쿠데타로 내각과 국무원(현. 국무회의)이 무력화된 상황에서 국무회의 의결은 당연히 없었다. 아울러 대통령도 계엄을 선포하지 않았다. 군부세력이 자체적으로 계엄을 선포한 것이다. 반헌법적이며 위법한 비상계엄 선포였다. 쿠데타로 정부 기관을 장악한 박정희는 5월 16일 오전 9시에 비상계엄을 선포하고, 윤보선 대통령에게 추후 승인을 요구하였으나, 윤보선은 이를 거절하였다. 윤보선 대통령이 비상계엄을 추인한 날은 5월 18일이다.[99] 박정희가 반헌법적인 비상계엄을 정당화하기 위해 부단히 노력하였음을 알 수 있다.

군사혁명위원회는 군사혁명위원회령 제1호에서 '공공안녕 질서유지'를 위하여, 1961년 5월 16일 9시에 대한민국 전역에 비상계엄을 선포하였다. 계엄사령관은 군사혁명위원회 의장 장도영이 겸임하였다. 군사혁명위원회령 제2호는 계엄사령관과 각 지구 계엄사무소 소장을

---

99 공보부, 『관보』제2867호(국가재건최고회의령제15호), 1961년 5월 27일.

임명하였다. 계엄부사령관 중앙군사혁명위원회 위원 박정희 소장, 전방군사혁명위원회 위원 제1군사령관 이한림 중장, 후방군사혁명위원회 위원 제2군사령관 최경록 중장, 서울·경기지구계엄사무소장 제6관구사령관 서종철 소장, 충청남북도지구계엄사무소장 제3관구사령관 김계원 소장, 강원·경북지구계엄사무소장 제5관구사령관 박기병 소장, 전남북지구계엄사무소장 제1관구사령관 김익렬 소장, 경남계엄사무소장 군수기지사령관 박현수 소장 등이다. 전국 비상계엄령 선포에 따른 포고 제1호는

군사혁명위원회는 군사혁명위원회령 제1호로써 대한민국 전역에 긍亘하여 단기 4294년 5월 16일 오전 9시를 기하여 비상계엄을 선포실시한다.
본관은 계엄법에 정하는 바에 따라 국내질서의 유지와 치안확보 필요한 한도 내에서 엄정하게 이를 운영할 것임.
국민제위는 군을 신뢰하고 국가재건을 위한 혁명과업 수행에 적극적인 협조를 바라면서 다음 사항을 포고함.

1. 일절의 옥내·옥외 집회를 금한다.
2. 수하를 막론하고 국외여행을 불허한다.
3. 언론·출판·보도 등은 사전검열을 받으라. 이에 대해서는 치안확보상 유해로운 시사해설, 만화, 사설, 논설, 사진 등으로 본 혁명에 관련하여 선동 왜곡 과장 비판하는 내용을 공개하여서는 안된다. 본 혁명에 관련된 일절 기사는 사전에 검열을 받으며 외국 통신의 전재도 이에 준한다.
4. 일절의 보복행위를 불허한다.
5. 수하를 막론하고 직장을 무단히 포기하거나 파괴 태업을 금한다.
6. 유언비어의 날조 유포를 금한다.

7. 야간통행 금지시간은 오후 7시부터 다음날 아침 5시까지 이상의 위반자 및 위법행위자는 법원의 영장없이 체포 구금하고 극형에 처한다.

단기 4294년 5월 16일

군사혁명위원회의장 계엄사령관

육군중장 장도영

장도영 군사혁명위원회 의장은 포고 제1호에서 계엄법에 따라 엄정하게 운영할 것이라고 하였다. 중요한 것은 헌법에 규정된 대통령의 선포와 국무회의 의결을 거치지 않았다는 것이다. 또한 당시는 계엄법에서 정한 계엄의 조건인 전쟁 상황도 아니었고 사변도 아니었다. 물론 그에 따르는 상황도 아니었다. 이는 혁명위원회의 일방적인 발표에 불과하였다. 예컨대 전방군사혁명위원회 위원 제1군사령관 이한림 중장은 이때까지 '쿠데타'를 반대했으며, 카터 매그루더(Carter Bowie Magruder) 유엔군 사령관으로부터 쿠데타 진압을 명받았다.

군사혁명위원회 포고 제1호는 '일절의 옥내·옥외 집회를 금한다'고 하였다. 그런데 5월 18일 육사 생도들의 '혁명 지지' 시위행진은 예외였다. 이를 고려하여 포고 제13호를 발표하여, "군사혁명과업을 찬동 지지하기 위한 정치적 색채를 띠지 않은 시가행진과 행사는 사전에 소정의 수속을 밟는 경우에는 차를 허가한다"고 하였다. 쿠데타군은 국민을 통제하고 조종하기 위해 자기 입맛에 맞는 집회만 허용하였다.

군사혁명위원회는 포고 제1호 발표와 함께 포고 제2호부터 제8호까지 발표하였다. 그 내용은 포고 제2호 금융을 동결한다. 포고 제3호 항만과 공항을 봉쇄한다. 포고 제4호 1961년 5월 16일 오전 7시를 기하여 장면 정부로부터 모든 정권을 인수하며, 민의원과 참의원 그리고 지방의원을 해산한다. 포고 제5호 금융동결에 따른 인출 예금은 1회 십만 원 이하 월 5십만 원 이하로 제한한다. 포고 제6호 물가 억제령으로 물가를 현재로 유지하고 매점매석을 금한다. 포고 제7호 한국에 주둔한 외국인에 대한 생명과 재산을 보호한다. 포고 제8호 금융동결에서 군사비의 동결을 해제한다는 등이다.

주목할 포고는 제4호이다. 계엄법에 따르면 계엄사무는 행정과 사법이다. 그런데 입법부에 해당하는 민의원과 참의원 그리고 지방의회까지 모두 해산하였다. 이를 좀 더 살펴보면,

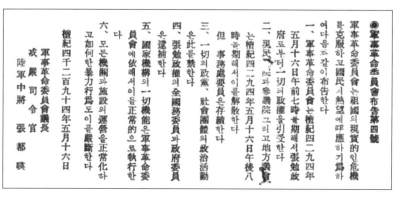

『관보』제2856호(군사혁명위원회포고제4호)

비상계엄이 선포되기 전에 이미 오전 7시에 혁명위원회는 장면 정부로부터 정권을 인수하였고(1항) 또한 장면 정권의 국무위원과 정부위원을 체포(4항)하였다. 그리고 오전 8시를 기하여 민의원과 참의원 그리고 지방의회를 해산하였다. 사무처 요원은 그들의 지원을 받기 위해 존속시켰다.[100]

군사혁명위원회 의장 명의가 빠진 계엄사령부 명의로 발표한 포고

제1호도 주목할 만하다. '간첩자수기간 설정'이란 포고 제1호는 1961년 5월 18일 발표되었다. 그 내용은 "간첩이나 은닉한 자는 자수 또는 자진 신고함으로써 정상을 참작하여 관대하게 처리하겠다"는 것으로, 신고 기간은 1961년 5월 18일 12시부터 5월 22일까지로 각 지구 방첩대나 경찰서에 신고하도록 했다.[101] 5·16쿠데타는 북한과 전혀 관련이 없는 권력 찬탈을 목적으로 한 쿠데타였다. 정상적인 헌정질서를 짓밟은 군부는 스스로 정한 비정상적 질서를 장악하기 위해 비상계엄을 선포하였다. 쿠데타와 비상계엄이 북한과 무관하였지만, 안보심리를 조장하기 위해 간첩 자수 기간을 포고령 제1호로 발표하였다.

윤석열이 12·3비상계엄 선포 이후 국회를 장악하고, 국회를 해산하려고 하였다. 그리고 비상입법기구 운영을 시도하였다. 이는 5·16군사쿠데타에서 보여준 사례를 참작했을 것으로 보인다.

비상계엄은 5월 27일 12시를 기하여 경비계엄으로 변경되었다. 대통령의 재가를 받아 선포된 경비계엄은 기존 비상계엄 포고, 공고, 고시, 담화 등은 계속 효력을 가졌다. 아울러 군사재판도 계속 시행하였다.[102] 비상계엄을 경비계엄으로 변경한 데는 내각 수반을 겸하고 있던 장도영 의장의 결단이 있었다. 이를 두고 육사 8기의 정점에 있었던 김종필 등은 아우성을 치며 "이게 뭐야, 혁명 다 망친다"며 흥분하자 장도영은 "이건 내가 결정하였다. 모두 평온한데 뭐가 문제란 말인가. 당신들이 나한테 모든 것을 맡아달라고 하지 않았느냐"고 반문하

---

100 공보부, 『관보』제2856호(군사혁명위원회포고제4호), 1961년 5월 16일.

101 공보부, 『관보』제2860호(계엄사령부포고제1호), 1961년 5월 20일.

102 공보부, 『관보』제2867호(국가재건최고회의령제15호), 1961년 5월 27일.

였다.[103]

1961년 5월 16일 군사쿠데타로 선포된 계엄령은 해를 넘긴 1962
년 12월 5일 해제되었다. 계엄 해제는 대통령 공고 제4호로 하였다.
대통령권한대행 박정희 명의로 되어 있다. 군사쿠데타 당시 혁명위원
회의장 겸 계엄사령관은 장도영이었다. 7월 3일 장도영은 국가재건최
고회의 의장과 내각 수반직을 사임하면서 사임서를 제출하였다. 장도
영의 사임 이유는 '일신상의 사정'이었으나, 이는 장도영이 자발적으로
작성한 게 아니었다.

『관보』제3313호(대통령공고제4호), 1962년 12월 5일

장도영은 이미 전날(7월 2일) '반혁명음모사건'으로 체포되어 자택에
연금되었다. 장도영은 '반혁명음모' 쿠데타를 계획한 일이 없다고 밝혔
으나, 1심에서 반혁명 모의죄로 사형을 선고받았다. 그러나 2심에서
'반혁명 모의' 부분은 취하되어 무기징역으로 감형되었다. 1962년 5월
2일 형집행 면제로 풀려나 곧바로 미국으로 떠났다. 형식적으로 군부

---

103 이상우, 『제3공화국:5·16에서 10월유신까지』①, 중원문화, 1993, 13쪽.

의 최고 실력자였던 장도영을 제거하면서 박정희는 형식적은 물론 실질적 군부의 최고 실력자가 되었다.

그렇다고 하여도 여전히 대통령은 윤보선이었다. 국무총리 장면은 5월 18일 내각 총사퇴 서류에 서명하고 사퇴했지만, 대통령 윤보선은 그 자리에 있었다. 윤보선은 10개월을 버티다가 1962년 3월 22일 대통령직을 사임하였다. 박정희는 국가재건최고회의 의장으로 대통령권한대행이 되었다. 5·16쿠데타 당시 박정희는 육군소장이었다. 위의 계엄 해제 공고를 보면 박정희의 계급은 육군대장이다. 박정희는 1961년 8월 11일 소장에서 중장으로 승진했고, 동년 11월 4일 중장에서 대장으로 승진하였다. 2개월 24일(총 85일) 만에 초고속 승진이 이루어졌다. 국가권력을 움켜쥐고 승진도 그 맘대로 이루어졌다. 훗날 전두환이 이러한 전철을 계승한다.

군사혁명위원회가 선포한 비상계엄으로 인하여 헌법 기능이 완전히 마비되었고, 박정희의 박정희에 의한 박정희를 위한 국가가 되었다. 박정희 독재 권력의 시작에는 쿠데타를 통한 비상계엄 선포가 있었다.

2
6·3항쟁과 계엄

7차 계엄은 1965년 6월 22일 일본과 체결한 한일기본조약(또는 한일협정)과 관련이 있다. 한일 국교 정상을 위한 교섭이 처음 시작된 것은 1951년 10월 20일이다. 제1차 회담에서 제3차 회담까지 결렬과 재개를 반복하는 우여곡절 끝에 1960년 4월 15일 제4차 회담에서 의제가 원칙적인 합의에 이르렀고, 양국 간에 합의각서가 교환되었다. 9년 6개월을 끌었던 한일회담의 타결 전망이 확실해지고 있었다. 그때, 4·19혁명이 일어났다. 이승만 정부는 최종 서명을 남기고 회담을 중단할 수밖에 없었다.

4·19혁명으로 집권한 민주당의 장면 정권도 경제개발을 위한 자금원으로써 한일 국교를 전제로 한 대일 청구권 자금 및 일본 자본의 도입이 절실하였다. 1960년 10월 25일 제5차 한일회담이 재개되었다. 기존 이승만 정권과 달리 민주당 정권은 철저한 준비를 하고 회담에 나섰다. 회담 대표단은 총리공관에서 합숙하였다. 청구권에 관해서 8개 항목별 내용에 따라 실질적인 조정작업에 들어갔다. 당시 정일형 외무부장관은 국회에서 "일본이 청구권으로 6억 달러의 경제협력 안을

제시해 왔다"고 밝혔다. 이승만 정권에서 청구권으로 천만 달러 선에서 운운하던 것에 비해 일본의 6억 달러 제의는 놀라운 사실이며, 엄청난 진전이었다. 그러나 타결 일보 직전의 제5차 한일회담은 5·16쿠데타로 산산조각이 났다.

5·16쿠데타로 권력을 장악한 군부는 경제건설과 자립경제를 달성함으로써 쿠데타에 대한 정당성을 확보하고자 하였다. 1961년 8월 중순 박정희의 미국 방문이 거론되면서 한일 국교 정상화는 공식적인 쟁점으로 떠올랐다. 박정희는 한일 간의 과거사에 중심을 두었던 이승만 정권과는 달리, 경제적 이점에 중심을 두고 한일회담을 조기 타결하고자 하였다. 1961년 10월 20일 드디어 제6차 한일회담이 열렸으나, 국제관계 및 외교에 대한 기본도 갖추지 않고 회담에 임하면서 교착과 답보상태로 시간만 흘러갔다. 1962년 10월 20일 김종필이 일본을 방문하여 오히라 마사요시大平正芳 외상과 비밀회담으로 10여 년간 한일 교섭에서 최대의 난관이었던 청구권 문제가 타결되었다. 내용은,

① 무상공여로 3억 달러를 10년 나누어 제공하되, 그 기간은 단축시킬 수 있다. 내용은 용역과 물품, 한일 청산계정에 대일 부채로 남은 4천5백73만 달러는 3억 달러 중에서 상쇄한다.
② 해외경제기금 차관으로 2억 달러를 10년 나누어 제공하되, 그 기간은 단축시킬 수 있다. 7년 거치에 20년 분할 상환, 연리는 3푼 5리.(정부차관)
③ 수출입은행 조건차관으로 1억 달러 이상을 제공한다. 조건은 경우에 따라 달리함. 이것은 국교 정상화 전이라도 실시할 수 있다.(민간차관)

김종필과 오히라의 기본적 합의가 이루어진 상태에서 1963년 7월

김용식 외무장관과 오히라 일본외상 간의 회담에서 어업 문제를 비롯하여 1963년 말에 이르러서는 거의 모든 현안이 타결되었다. 비밀리에 추진한 한일 국교 정상회담은 1964년 봄에 이르러 본격적인 추진을 서둘렀다. 박정희와 군정은 한일 국교 정상화를 빨리 매듭짓기 위해 지나칠 정도의 저자세로 임하였다. 이는 국민의 감정을 건드렸다.

정부의 비밀·저자세 외교라고 비난한 야당의 민정당과 삼민회[104]는 '대일 저자세 외교 반대 범국민투쟁위원회'를 1964년 3월 6일 결성하고 원내·외 투쟁을 전개하였다. 김준연 의원이 3월 26일 국회에서 "박정권은 일본으로부터 1억3천만 불(169억 원)을 미리 받아 썼다"고 폭로하면서 박정희의 하야를 주장하였다. 그리고 박정희와 김종필을 외환죄로 고발하였다.[105]

이러한 정치적 배경에서 3월 24일 대규모의 한일회담 반대 학생데모가 서울에서 처음 일어났다. 이날 오후 1시 30분경 서울대학교 문리대생은 '제국주의 및 민족반역자 화형 집행식'을 거행하였다. 학생들은 화형식에서 제국주의자 상징으로 이께다(池田) 일본 수상과 김종필 중앙정보부장을 은유하는 이완용의 우상에 불을 질렀다. 화형식을 마친 학생들은 '사수하자 평화선', '일본제국주의를 말살하자'란 현수막을 들고 교문을 박차고 시내로 진출하였다.[106]

같은 날 오후 3시 고려대학교 학생들도 '주체성을 잃은 굴욕적 대일외교 반대 선언문'을 채택한 다음 '매국적 한일회담을 즉시 중지하

---

104 민주당·자유민주당·국민의당을 지칭한다.
105 『경향신문』, 1964년 4월 8일.
106 『동아일보』, 1964년 3월 24일 ; 『경향신문』, 1964년 3월 24일.

라'는 등의 구호를 외치며 시내로 진입하여 국회의사당 앞까지 진출하였다. 연세대 학생들도 가두시위에 나섰고, 일부는 고려대 시위에 합류하여 국회 앞까지 진출하였다. 이날 학생시위는 4·19혁명 이후 최대 규모로 약 5천 명이 참가하였다. 이 가운데 1백 50명이 연행되고 34명이 구속되었으며 40여 명이 중경상을 입었다.

다음날인 3월 25일 서울의 대학생과 중고생 약 3만 명이 대일 굴욕외교를 규탄하며 시내를 휩쓸었다. 일부는 청와대에서 수도경비사령부 무장병력과 맞서 실랑이를 벌이기도 하였다. 학생시위는 서울에 그치지 않았다. 부산, 전주, 대구 등 7개 대학으로 번졌다. 다음 날(26일)에는 전국 15개 도시(서울·부산·전주·대구·광주·대전·이리·군산·여수·충무·수원·원주·평택·청주·온양)로 확대되었다.[107] 그동안 학생시위가 대부분 자연발생적이고 즉흥적이었던 데 비해 비교적 치밀한 계획과 각 대학 간의 사전 연락이 이루어진 게 특징이다.[108]

굴욕외교를 규탄하는 시위는 학생들뿐만 아니라 정치인들도 합세하였다. 야당 의원들은 '매국하는 김종필을 즉시 추방하라', '굴욕적인 한일회담을 죽음으로 반대한다'는 구호를 외치며 거리 시위에 나섰다. 당시 김종필은 민주공화당의 의장이었다. 민주공화당 내에서도 김종필 퇴진론을 주장하였다, 김종필은 시국 수습을 위해 어쩔 수 없이 의장직 사표를 제출했으나, 총재 박정희가 반려하면서 의장직을 유지하였다.

5월 20일 서울대생들이 '축 민족적 민주주의 장례식'이라고 쓴 조

---

107 『경향신문』, 1964년 3월 26일 ;『조선일보』, 1964년 3월 27일.
108 이상우, 『제3공화국:박정희시대를 움직인 사람들』, 중원문화, 1993, 15쪽.

기와 민족적 민주주의 시체가 든 검은 관을 앞세우고 시위에 나섰다. 박정희는 1963년부터 '민족적 민주주의'를 내세웠다. 5·16쿠데타로 권력을 장악한 박정희는 '행정적 민주주의'를 내세웠으나, 행정적 민주주의가 다양한 비판에 직면하자 민정 이양을 앞둔 대통령선거를 고려하여 민족주의를 강조하는 새로운 슬로건으로 민족적 민주주의를 제시하였다. 우리나라의 특수한 현실을 강조하며 민족주의를 전면에 내세웠지만, 민족적 민주주의가 무엇인지 내용상으로 설명한 경우는 없었다. 쿠데타로 집권한 박정희는 민주적 정통성이 없었기에 이를 보완하고자 민족주의로 합리화하였다.

서울대생들의 '축 민족적 민주주의 장례식'은 박정희의 장례를 의미하였다. 이 장례식의 조사弔辭를 쓴 사람이 김지하이다.

弔 반민족적 비민주적 민족적 민주주의 장례식

시체여! 너는 오래전에 이미 죽었다. 죽어서 썩어 가고 있었다. 넋 없는 시체여! 반민족적 비민주적 민족적 민주주의여!

썩고 있던 네 주검의 악취는 '사꾸라'의 향기가 되어 마침내는 우리들 학원의 잔잔한 후각이 가꾸고 사랑하는 늘 푸른 수풀 속에 너와 일본의 이대(2代) 잡종, 이른바 '사꾸라'를 심어놓았다. 생전에도 죄가 많아 욕만 먹든 시체여! 지금도 풍겨온다. 강렬하게 냄새가 지금 이 순간에도 충혈된 사냥개들의 눈으로부터 우리를 엄습한다.

시체여! 죽어서까지도 개악과 조어造語와 식언과 번의와 난동과 불안과 탄압의 명수요 천재天才요 거장이었다. 너 시체여! 너는 그리하여 일대의 천재賤才요 희대의 졸작이었다.

구악을 신악으로 개악하여 세대를 교체하고 골백번의 번의의 번의를 번의하여 권태감의 흥분으로 국민정서를 배신하고 부정불하, 부정축재, 매판자본 육성으로 '빠찡코'에 '새나라'에 최루탄 등등 주로 생활필수품만 수입하여 노동자의 언덕으로 알았던 '워커힐'에 퇴폐를 증산하여 민족정기를 바로잡아 국민 도의를 고취하고 경제를 재건한 철두철미 위대한 시체여! 해괴할손 민족적 민주주의여!

너는 또한 '뉴 코리아'의 무수한 유리창에서 체질마저 개악하였다. 어둡고 괴로웠던 3년 전 안개낀 어느 봄날 새벽, 네가 삼천만 온 겨레에게 외치던 귀에도 쟁쟁한 그 역사적인 절규를 너는 벌써 잊었는가?

절망과 기아선상에서 허덕이는 민생고를 시급히 해결하겠다던 공약밑에 너는 그러나 맨 먼저 민족적 양심세력에 대한 무자비한 탄압을 시작하였다. 그때 이미 우리는 맡았다. 너의 죽으로만 향한 너의 절망적인 몸부림을 우리는 들었다. 우리에게 정사를 강요하는 너의 맹목적이고 소름끼치도록 무서운 목소리를. 그리고 우리는 맛보았다. 극한의 절망과 뼈를 깎는 기아의 스러움을 시체여! 반민족적 비민주적 민족적 민주주의여!

석학의 머리로서도 촌부의 정감으로서도 난해하기만 한 이즘이여! 너의 정체는 무엇이냐? 절망과 기아로부터의 해방자로 자처하는 소위 혁명정부가 전면적인 절망과 영원한 기아 속으로 민족을 함몰시키기에 이르도록한 너의 본질은 과연 무엇이드냐? 무엇이드란 말이냐? 말하지 않아도 좋다. 말 못하는 시체여!

길고 긴 독재자의 채찍을 휘두르다가 오히려 자신의 치명적인 상처를 스스로 때리고 넘어진 너, 구더기와 악취와 그 위에서만 피는 '사꾸라'의 산실인 너, ○○○○ 이른바 민족적 민주주의여!

너의 본질은 곧 안개다! 어느 봄날 새벽의 안개 속에서 튀여 나온 너. 안개여! 너는 안개 속에서 살다가 안개 속에서 죽은, 우유부단과 정체불명과 조삼모사와 동서남북의 상징이요. 혼합물질이었다. 한없는 망설임과 번의, 종잡을 길없는 막연한 정치이념, 끝없는 혼란과 무질서와 굴욕적인 사대근성이 방향감각과 주체의식과 지도력의 상실. 이것이 곧 너의 전부다. 이처럼 황당무계한 소위 혁명정신으로, 이같이 허무맹랑한 이념의 몰골을 그대로 쳐들고서 공약을 한다. 재건을 한다. 유대를 더욱 공고히 한다. 고리채 어쩌꾸, 5개년 계획에 심지어 사상논쟁까지 벌리던 그 어마 어마한 뱃장은 도시 어디서 빌려온 것일까?

그것은 '댄노헤이까'에게 빌린 것이 분명하다. 일본군의 그 지긋지긋한 전통의 카리스마적 성격은 한국군 구조의 바닥에 아직도 남아 허황한 권력에의 야망과 함께 문제의 그 뱃장을 길러낸 것이다. 시체여! 고향으로 돌아가라. 너는 이미 돌아갔어야만 했다. 죽어서라도 돌아가라.

시체여! 우리 삼천만이 모두 너의 주검 위에 지금 수의를 덮어주고 있다. 들리느냐? 너의 명복을 비든 드높은 목소리. 목소리, 목소리들이. 이미 죽은 네 육신과 정신으로는 ○○ 반공도 재건도 쇄신도 불가능하다는 저 민족의 함성이 들리지 않느냐? 저 통곡이 들리지 않느냐?

가거라! 말없이 조용히 떠나가거라! 그리하여 높은 산골짜기를 돌고 돌아가 다시는 돌아오지 말아라, 시체여! 하나의 어리디 어린 생명을, 꽃분이, 순분이의 까칠까칠 야위고 노오랗게 부어오른 그 얼굴을, 아들의 공납금을 마련키 위해 자동차에 뛰여드는 어떤 아버지의 울음소리를 결코 결코 잊어서는 안된다.

5월 16일 만의 민족적 민주주의여! 백의민족이 너에 내리는 마지막의 이 새하얀 수의를 감고 홀홀히 떠나가거라! 너의 고향 그곳으로 돌아가거라. 안개 속으로! 가거라 시체여! 돌아가거라!

이제 안개가 걷히면 맑고 찬란한 아침이 오리니 그때 너도 머언 하늘에서 복받쳐 오르는 기쁨에 흐느끼리라. 일찍 죽어 복되었던 네 운명에 감사하리라! 그러나 시체여! 지금 너는 무엇을 하고 있는가? 지금 너는 무엇을 획책하고 있는가? 바로 지금 거기서 네 옆사람과 후딱주고 받은 그 입가의 웃음은 무엇을 뜻하고 있는가?

대랑 검거의 군호인가? 최루탄 발사의 신호인가? 그러나 시체여! 우리는 믿는다. 그것은 목메이도록 뜨거운 조국과 너의 최초의 악수인 것을! 우리는 안다. 그것은 죽은 이의 입술가에 변함없이 서리는 행복의 미소인 것을. 시체여![109]

1964년 5월 20일 민족적 민주주의 장례식

---

[109] 원본 그대로 실었다. '○○' 판독이 불가한 것이다.

조사에서 등장한 시체는 박정희였다. 5·16쿠데타에서부터 굴욕스러운 한일회담까지 박정희의 행적을 낱낱이 조사에 기록하였다. 후일담에 의하면 당시 김형욱 중앙정보부장은 조사를 읽다가 "숨이 막혀서 더 이상 읽을 수 없었다"고 한다. 그만큼 통렬한 글이었다.

6월에 들어서면서 학생시위는 굴욕외교 규탄을 넘어 박정희 하야 투쟁으로 변모하였다. 6월 2일 고려대학교 구국투쟁위원회는 '주관적인 애국충정이 객관적인 망국 행위임을 직시하고 박정권은 하야하라'는 현수막을 들고 '박정권 하야하라', '공포정치 중단하라'는 구호를 외치며 시가행진에 나섰다. 서울대 법대생과 상대생들이 합세하고, 경찰과 학생 사이에 최루탄과 투석전이 난무하였다.

6월 3일 정오를 전후하여 서울 시내 1만2천여 명의 대학생들은 곳곳에서 경찰과 충돌하면서 도심으로 진출하였다. 수원·대전 등지에서도 '박정권 물러나라'는 시위에 시민들이 호응하기 시작하였다.[110]

6월 3일 오후 8시를 기해 서울에 비상계엄령을 선포하였다. 박정희는 당일 오전까지만 해도 시국 수습을 위해 계엄령은 전혀 고려하지 않는다고 밝혔다. 2024년 12·3비상계엄과 관련하여 국방부장관 김용현이 국회에서 "계엄 문제와 관련해서는요. 여러 가지 말씀을 해주셨는데 지금 이런 우리 대한민국의 상황에서 과연 계엄을 한다 그러면 어떤 국민이 과연 용납하겠습니까. 그리고 우리 군도 따르겠습니까. 저는 안 따를 것 같아요. 그래서 이런 계엄 문제는 지금 시대적으로 좀 안 맞다, 저는 그렇게 생각하거든요"라면서 계엄령에 대한 소문을 일축했

---

110 『동아일보』, 1964년 6월 2일 ; 『경향신문』, 1964년 6월 3일.

＜朴政權 下野하라는「플래카드」를들고 校門을나서는 高大구국투위학생들＞

박정권 하야하라는 '플래카드'를 들고 교문을 나서는 고대 구국투위 학생들
(『동아일보』, 1964년 6월 2일)

던 것과 같은 맥락이다.

박정희는 비상계엄 선포 담화문에서 "학생 데모의 난동화는 국가 기본을 흔들고 망국의 씨를 뿌리는 철없는 한탄스러운 일"이라면서 "파국을 예방하기 위한 불가피한 단안을 내린 것이다"라고 밝혔다. 박정희는 학생들의 현실참여는 민주주의 앞날에 암영暗影이며, 민의에 의해 선출된 정부를 부정 도괴倒壞시키려는 불순한 경향이 노골화된 것이라면서 몰지각한 학생들의 정권을 무너뜨리겠다는 비지성적인 행동을 단호히 근절시켜야 한다고 말했다.

5·16쿠데타 이후 2년 7개월 동안 군정시대를 종결시켰던 박정희는 헌정 6개월 만에 다시 준군정시대를 선포하였다. 6월 3일 오후 8시를 기해 발효된 비상계엄의 공고(대통령공고 제11호)를 보면,

비상계엄 선포에 관한 건

1. 이유 :

   계엄법 제4조에 의하여 교란된 질서를 회복하고 공공의 안녕을 유지하기 위함.

2. 종료 : 비상계엄

3. 시행일시 : 1964년 6월 30일 20:00시

4. 지역 : 서울특별시

5. 계엄사령관 육군참모총장 육군대장 민기식[111]

비상계엄 선포 이유는 계엄법 제4조에 의하여 "교란된 질서를 유지하고 공공의 안녕질서를 유지하기 위함"이라고 밝혔다. 계엄은 서울특별시로 한정하였다. 계엄사령관에는 육군참모총장 민기식 대장이 임명되었다. 계엄사령관 민기식 육군참모총장은 계엄사 포고 제1호와 제2호를 발표하였다.

계엄사 포고 제1호

一. 옥내외 집회 및 시위를 금한다. 단 관혼상제 및 극장 상영은 제외한다.

二. 언론출판 보도는 사전 검열을 받아야 한다.

三. 일체의 보복행위를 금한다.

四. 직장을 이탈하지 못한다.

五. 유언비어를 날조 유포하지 못한다.

六. 서울특별시내의 각급 대학교와 중고등학교 및 국민학교는 1964년 6월 4일을 기하여 별도 지시가 있을 때까지 일제히 휴교한다.

七. 통금시간을 엄수하여야 한다. 통금시간은 하오 9시부터 익일 상오 4시까지

---

[111] 총무처, 『관보』제3755호(대통령공고제11호), 1964년 6월 3일.

로 한다.

이상 포고를 위반하는 자는 영장없이 압수, 수색, 체포 구속한다.

1964년 6월 3일 계엄사령관 육군대장 민기식[112]

서울의 대학교, 중고등학교, 초등학교에는 휴교령이 내려졌다. 박정희는 6월 5일 비상계엄이 선포되지 않은 지역까지 포함하여 전국 모든 대학을 5일부터 한 달 동안 휴교하도록 지시하였다. 이 휴교 조치는 6월 5일부터 7월 4일까지 계속되고 7월 5일부터는 1학기 조기 방학에 들어갔다. 반면 초등학교의 휴교 조치는 6월 8일부터 해제하였다.[113] 계엄사 포고 2호는 계엄사령부의 조직으로 부사령관에는 김계원 중장, 참모장에 유근창 소장 등이 임명되었다.

민기식 계엄사령관은 담화문에서 "북한 괴뢰는 전례 없이 남한 적화를 획책하고 있다"면서 수도 서울의 공안 질서가 극도로 문란한 틈을 이용하여 적의 침투가 우려되어 계엄을 선포했다고 밝혔다. 6·3항쟁은 박정희 정권의 대일 굴욕외교에서 시작되었다. 북한과는 어떤 연관성도 없지만, 비상계엄의 명분을 얻기 위해 '북한괴뢰'를 끌어들이고 있다. 윤석열의 12·3비상계엄에서도 '북한 공산세력의 위협으로부터' 대한민국 수호하기 위해 비상계엄을 선포하였다고 했다. 북한의 위협은 1953년 7월 정전협정 이후 항상 존재하는 상수이다.

6·3항쟁의 과정에서 시위를 주도한 학생운동권과 정치인, 언론인 등 1,120명이 대거 체포되었고 이 중 주도자 348명은 내란 및 소요

---

112 『동아일보』, 1964년 6월 4일.

113 『조선일보』, 1964년 6월 6일.

죄로 서대문형무소에서 6개월간 복역하게 되었으며 나머지 재야인사들도 반정부 혐의로 체포되었다. 앞서 '조사'를 쓴 김지하도 4개월간 복역하였다.

7월 28일 오후 3시 39분 국회는 재적의원 142명 중 139명의 찬성으로 계엄 해제를 의결하였다. 반대한 3명은 모두 민주공화당 소속 국회의원이었다. 헌정사상 최초로 계엄 해제안건이 국회를 통과하였다. 국회에서 계엄 해제안은 몇 차례의 위기가 있었으나, 여야 합의로 의결되었는 점에서 의미가 있다.

국회는 계엄 해제 가결을 정부에 통고했으며, 정부는 긴급국무회의를 열어 계엄 해제를 심의하였다. 박정희는 오후 5시 반에 계엄 해제를 재가하면서 서울지구에 계엄이 선포된 지 56일 만인 7월 29일 0시를 기해 계엄이 해제되었다. 당시 박정희는 국회의 계엄해제 안의 의결에 대해 탐탁지 않았으나, 이미 국회에서 의결되었기에 받아들일 수밖에 없었다.

해엄안 가결(『동아일보』, 1964년 7월 28일)

3
유신 친위쿠데타와 계엄

1971년 4월 27일, 제7대 대통령 선거일이다. 정부가 3월 23일 선거일을 공고하면서, 대장정의 선거전이 시작되었다. 그러나 김대중 후보와 신민당은 이미 1970년 10월 24일부터 전국을 다니면서 공화당의 실정을 비판하고 신민당의 정책을 제시하였다. 즉 야당인 신민당은 1970년 9월 29일 서울시민회관에서 '1971년 대통령선거 후보지명을 위한 임시전당대회'를 개최하였다. 1차 투표에 참석한 대의원 885명 중 김영삼 후보가 421표를 획득하여 과반수인 443표에 22표가 부족하였고, 김대중 후보는 382표를 얻었다. 나머지는 유진산과 이철승이 얻었다. 이어 진행된 2차 투표에서 재석 884명 중 김대중 후보 458표, 김영삼 후보 410표, 무효 16표를 각각 획득하여, 김대중이 신민당의 대통령 후보로 지명되었다.[114]

신민당의 김대중 후보는 1971년 1월 23일 기자회견에서 '새해의 포부'란 이름의 선거공약으로 ① 총통제 음모의 분쇄 ② 민족 안보의

---

[114] 유신쿠데타는 주철희의 『대한민국 현대사』2(더읽다, 2024)을 참조.

전개 ③ 예비군의 완전 폐지 ④ 대중경제 실현 ⑤ 농업혁명의 추진 ⑥ 부유세의 신설 ⑦ 전태일 정신의 구현 ⑧ 여성 지위 향상과 능력개발 등을 발표하였다. 총통제 음모의 분쇄와 관련하여 "공화당의 국회의원 후보 공천을 보고 국민 사이에는 올해 선거가 마지막 선거가 될지도 모른다는 우려가 급속하게 퍼져가고 있었다. 만일 이번에 정권교체가 이루어지지 않는다면 현 정권은 다음 임기 동안에 앞으로는 선거조차 없는 영구집권의 총통제 체제를 저지르고야 말 것이라고 보며 이를 뒷받침할 만한 자료도 갖고 있다"고[115] 말하였다.

민주공화당은 즉각 반발하였다. 공화당 대변인은 "민족지도자를 모함하고 국민 전체를 모독하는 중대 발언이 아닐 수 없다"면서[116] 펄쩍 뛰었다. 공화당은 박정희를 민족지도자로 치켜세웠으며, 그동안 수법과 다르지 않은 국민팔이를 계속 이어갔다.

김대중이 언급한 '총통제'란 대만과 관련이 있다. 1971년 당시 대한민국은 대만과 수교를 맺고 있었으며, 대체로 '자유중국'이라고 불렀다. 현재 중국은 '중공中共'이라 불렀다. 1992년 8월 24일 대한민국이 중국과 수교를 맺으면서 자유중국과는 단교하였다. 이때부터 자유중국을 '대만' 또는 '타이완'으로 부르고 있다. 대만 헌법에 따른 국호는 '중화민국'이지만, 중국과의 관계 때문에 국가라고 인정하지 못하고 있다. 대만의 국가원수 호칭이 '총통'이다.

1971년 당시 대만의 총통은 장제스蔣介石이다. 장제스의 국민당은

---

115 『조선일보』, 1971년 1월 23일.
116 『동아일보』, 1971년 1월 23일.

1949년 12월 국공내전(국민당과 공산당의 내전)에서 중국 공산당에 밀려 대만으로 이전하였다. 이를 국부천대國府遷臺라 한다. 이때부터 장제스는 사망할 때(1975년 4월 5일)까지 무려 27년간 대만의 총통으로 종신 집권하였다.[117] 이러한 배경에는 1947년 4월에 선언한 '동원감란시기 임시조관動員戡亂時期臨時條款'이 있었다.

현재 대만 헌법은 1946년 12월 25일 제정된 '중화민국 헌법'이다. 장제스는 중국 공산당 세력이 점차 확대되자 반란을 토벌해야 한다는 명분으로 1947년 7월 '동원감란시기'를 선언하였다. '동원감란시기 임시조관'(이하 임시조관)은 헌법을 무력화한 임시 조치로서 2년 유효기간으로 1948년 8월에 제정되었다. '임시조관'은 중화민국 정부와 중국 국민당을 하나로 만들어 중화민국 총통의 권력을 강화한 일당독재 체제의 근거가 되었다. 장제스는 국공내전에 패해 대만으로 이전하면서도 '임시조관'을 그대로 적용하여 종신 집권하였다. 임시조관은 몇 차례 수정을 거듭하면서 1991년까지 유지되었다. 이러한 대만의 정치상황을 빗대어 김대중은 박정희가 대만과 같은 '총통제'로 전환할 것이라고 주장하였다.

자금과 조직이 현저하게 열세인 야당으로서는 기존 방식의 선거전략으로는 필패가 당연하였기에 매우 파격적인 정책공약을 제시하며 일찍이 선거 정국을 달구어 놓았다. 여기에 김대중이 주장한 '총통제'는 정가를 휘몰아치는 중요한 관심사가 되었다. 김대중은 전국 선거 유세에서 정권교체를 바라볼 수 있는 마지막 기회라면서 "공화당이 다시

117 현재 대만 헌법에는 '총통의 임기를 4년으로 1회 연임한다'고 규정되었다.

집권하면 선거조차 없는 총통제를 추진하게 될 것"이라고 주장하였다.

반면 공화당의 김종필 부총재는 지원 유세에서 "국민투표로 3선 길이 트인 박 대통령이 75년까지만 연임할 수 있다는 것이 분명함에도 신민당이 총통제 운운함은 이를 정치적으로 악용하려는 처사"라고 반박하였다.[118] 아울러 대변인 성명을 통해 "선거를 통해 심판받고 있는 이 마당에 총통제 운운함은 김 후보가 선거와 의회민주주의를 부인하는 행동"이라고[119] 김대중을 신랄하게 비난하였다.

공화당은 1971년 3월 17일 대통령 후보 지명 전당대회를 열어 당 후보로 박정희 총재를 만장일치로 지명하였다. 양자구도의 대결에서 야당인 신민당과 김대중 후보는 1970년 말부터 전국을 다니며 개혁적인 정책을 제시하면서 선거전을 뜨겁게 달구었다. 박정희와 공화당도 가만히 지켜볼 수만은 없었다. 박정희는 본격적인 선거 유세에 나서서 "대통령이 되기 위한 나의 정치연설은 이 기회가 마지막이 될 것임을 분명히 말해둔다"면서 "야당 인사들은 내가 총통제를 만들어 종신 대통령직을 맡으려 한다고 인식 공격을 가하고 있으나 이는 터무니없는 모함"이라면서 김대중을 비난하였다. 그러면서 "김일성이 무력을 포기했다는 확증이 없는 지금에 있어서 남북교류나 체육교육, 서신교환 등의 야당 주장은 모두 잠꼬대"라면서 김대중의 안보 공약을 통박하였다.[120]

공화당도 "야당은 당내 사정이 혼란스러워 국민의 생명과 재산을

118 『동아일보』, 1971년 4월 3일.
119 『경향신문』, 1971년 4월 3일.
120 『매일경제』, 1971년 4월 26일.

맡길 수 없다"면서 야당의 분열을 알리는 데 열을 올렸다. 아울러 김대중의 경제정책을 비롯한 공약 실현 불가능과 안보 정책에 대해서 강력하게 비난하였다. 이에 김대중은 4월 21일 기자회견을 통해 "신민당의 안보 및 경제 공약을 주제로 오는 23일 라디오와 TV를 통한 공동토론회를 박정희 공화당 후보에게 제의"하였다.[121] 공화당은 "선례가 없고 사실상 불가능하다"면서 이에 불응하였다. 그러면서 공화당은 선거 막바지에 도달할수록 안보론을 내세웠다. 북한의 남침 가능성을 강조하며 선거를 공포 분위기로 조장하며 국민을 위협하였다.[122] 이는 젊은 40대 기수론을 자처한 김대중의 지지가 전국적으로 반향을 불러일으켰음을 방증하는 것이었다.

4월 27일 오전 7시부터 전국에서 제7대 대통령을 선출하기 위한 투표가 일제히 시작되었다. 최종 선거 결과, 박정희 6,342,828표, 김대중 5,395,900표로 박정희가 약 94만 표 차로 승리하였다. 김대중이 서울·호남권에서 우세를 보였지만, 나머지 지역에서는 열세였다. 특히 영남권에서 박정희가 70% 이상을 득표하면서 압승하였다.

1971년 7월 1일 박정희는 제7대 대통령으로 취임하였다. 박정희가 취임한 날, 제8대 국회도 임기를 시작하였다. 박정희의 새로운 임기는 시작부터 녹록지 않았다. 박정희가 제7대 대통령에 당선되고 한 달 만에 제8대 국회의원 총선거(1971년 5월 25일)가 치러졌다. 선거 결과 민주공화당이 113석으로 과반은 확보했지만, 신민당의 약진이 두

---

121 『경향신문』, 1971년 4월 21일.
122 『경향신문』, 1971년 4월 21일.

드러졌다. 전체 204석 중 민주공화당 113석, 신민당 89석, 국민당과 민중당이 각각 1석을 차지하였다.

총선 결과에 대해서 민주공화당은 "총선 결과에 투영된 민의를 토대로 책임 정당으로써의 의무와 역할을 다하겠다"고 밝혔다. 반면 신민당은 "건국 이래 처음 '투표혁명'을 일으켜 잠재된 민주 역량을 과시했다"면서 "허구적 정치풍토를 추방하고 생산적인 정치풍토 조성, 국정 쇄신과 국가 안보에 새로운 기틀을 마련하는 데 심혈을 기울이겠다"고 밝혔다.[123] 신민당은 개헌저지선을 넘기면서 양당 체제로 정국을 이끌 수 있게 되었다. 정치권은 모처럼 활기를 되찾았다.

제8대 국회의원 총선거에서 야당의 약진은 경상도에서도 나타났다. 부산 8개 선거구 중 6개 지역구를 야당이 차지하였다. 특히 박정희의 철옹성이라고 할 수 있는 대구에서도 5개 선거구 중 4개 선거구에서 야당이 이겼다. 여당의 당직자와 중진들이 무명의 야당 청년 후보들에게 패배하는 이변이 연출되었다. '경상도 정권'을 외치며 지역감정을 부채질했던 이효상 국회의장의 낙선은 제8대 국회의원 총선에서 최대의 화제였다.[124]

대통령선거에서 승리했지만, 국회의원 총선거에서 보여준 민심 이반은 박정희에게 정치적 부담이며 골칫거리였다. 그리고 야당의 새로운 인물 김대중은 국민적 지지를 받은 젊은 정치인으로 급부상하였다. 김대중은 박정희의 정치 길목에서 계속 부딪힐 수밖에 없는 숙명이었

---

123 『조선일보』, 1971년 5월 28일.

124 김대중, 『김대중자서전』1, 삼인, 2010, 262쪽.

다. 박정희의 영구집권을 위한 오판이 천천히 다가왔다. 10월 17일 저녁 7시 청와대 김성진 대변인이 모습을 드러냈다.

전국에 비상계엄령 선포(『조선일보』, 1972년 10월 18일)

청와대 김성진 대변인이 발표한 특별선언은 '17일 저녁 7시부터 전국에 비상계엄을 선포'한다는 것이다. 그리고 전광석화처럼 계엄포고 1호부터 4호까지가 발표되었다. 친위쿠데타의 서막은 이렇게 시작되었다. 김성진이 발표한 특별선언 내용을 요약하면,[125]

① 1972년 10월 17일 오후 7시를 기해 국회를 해산하고 정당 및 정치활동 중지 등 헌법 일부 조항의 효력을 중지시킨다.

② 일부 효력이 정지된 헌법 조항의 기능은 비상국무회의에 의하여 수행되며 비상국무회의의 기능은 현행 헌법의 국무회의가 수행한다.

③ 비상국무회의는 1972년 10월 27일까지 조국의 평화통일을 지향하는 헌법 개정안을 공고하며 이를 공고한 날부터 1개월 이내에 국민투표에서 붙여 확정시킨다.

④ 헌법 개정안이 확정되면 개정된 헌법 절차에 따라 늦어 금년 연말 이전에 헌정질서를 정상화시킨다.

박정희는 헌정질서를 파괴한 10·17유신 선포의 이유에 대해 "조국의 평화와 통일 그리고 번영을 희구하는 국민 모두의 절실한 염원을 받들어 결단했다"고 밝히면서 헌법과 각종 법령 등 모든 체제의 시급한 정비가 필요하다고 하였다. 박정희의 이러한 결단을 국민 누가 염원했을까. 그리고 정말 '조국의 평화통일'을 위한 결단이었을까. 박정희의 특별담화는 1972년 10월 17일 오후 7시를 기하여 전국에 비상계엄 선포로 이어졌다.

비상계엄 선포 이유는 "대한민국이 직면하고 있는 역사적 시련을 극복하고 국토와 민족의 평화적 통일을 달성키 위한 체제의 개혁을 단행함에 있어 이에 수반되는 사회질서의 동요와 혼란을 미연에 방지하는 동시 국민의 생명과 재산을 보호하기 위함"이다. 계엄사령관에는 육군참모총장 육군대장 노재현이 임명되었다.[126] 계엄사령관 명의의

125 『경향신문』, 1972년 10월 18일 ; 『조선일보』, 1972년 10월 18일.

126 총무처, 『관보』제6280호(대통령공고제32호), 1972년 10월 17일.

계엄포고 제1호를 발표하였다. 포고에는 모든 정치활동 목적의 옥내외 집회 및 시위를 일절 금하면서 각 대학은 휴교 조치하였다. 교육대학은 10월 20일 휴교가 해제되어 25일부터 개강이 이루어졌으며, 다른 대학은 11월 28일 휴교 조치를 해제하였다.

비상계엄은 1972년 12월 13일 24시를 기해 해제되었다. 계엄이 해제되었음에도 10월 17일 특별선언에 의한 비상조치로 정치활동은 계속 중지되었다. 정치활동 재개는 새 헌법에 따른 대통령 취임과 때를 같이해서 이루어진다는 것이다. 57일간 비상계엄으로 파괴된 헌정질서가 복원될 것으로 기대했으나, 국회의 기능을 비상국무회의가 대신하는 반헌법적 작태는 계속되었다.

박정희 정권은 1972년 10월 27일 유신헌법 개정안을 공고하고, 11월 21일 국민투표에 부쳤다. 유신헌법 국민투표는 91.9%의 높은 투표율과 91.5%의 찬성으로(총유권자 84%의 찬성) 유신헌법을 확정하였다. 1972년 12월 27일 유신헌법이 개정·시행(헌법 제8호)되었다. 1971년 대통령선거에서 김대중이 그토록 염려했던 총통제의 유신헌법으로 박정희는 영구집권의 기틀을 마련하였다.

유신헌법은 제3공화국 헌법과 비교하여 헌법의 편장 체계의 변화가 두드러진다.[127] 제1장 총강, 제2장 국민의 권리 의무에 이어서 제3장 통일주체국민회의, 제4장 대통령, 제5장 정부, 제6장 국회, 제7장 법원 등으로 권력기구를 배치하였다. 지금까지 존재하지 않았던 '통일

---

[127] 제3공화국 헌법을 비롯한 기존 헌법은 대체로 1장 총강, 제2장 국민의 권리 의무에 이어서 제3장 통치기구로 제1절 국회, 제2절 정부, 제3절 법원, 제4절 선거관리위원회, 제5절 지방자치 등으로 구성했다.

주체국민회의'란 국가기관이 새롭게 등장하였다. 또한, 기존 헌법은 대통령을 삼권의 하나인 정부(행정부)의 수반으로 규정했으나, 유신헌법은 대통령을 독립된 장으로 규정하였다. 이는 입법권·사법권까지도 대통령 아래에 두는 무소불위의 제왕적 지위로서 대통령의 권한을 규정하였다.

유신헌법의 독특한 구조이면서 박정희의 제왕적 지위를 보장한 기구가 '통일주체국민회의'이다.[128] 통일주체국민회의는 스페인 프랑코 독재 헌법과 대만 국민당의 총통 독재 헌법을 참고하여 만들어진 통치기구이다. 박정희는 통일주체국민회의를 통해 대통령의 선출과 대통령의 권한 절대화를 규정하였다. 헌정사상 유례없는 독재 헌법의 시작은 통일주체국민회의란 통치기구로부터 시작되었다.[129]

통일주체국민회의의 기능은 크게 네 가지로 볼 수 있다. 첫째, 통일주체국민회의가 국민의 주권을 수임하는 기구라는 것이다(제35조). 둘째, 제39조 제①항의 "대통령은 통일주체국민회의에서 토론 없이 무기명투표로 선거한다." 셋째, 제40조 제①항의 "통일주체국민회의는 국회의원 정수의 3분의 1에 해당하는 수의 국회의원을 선거한다." 넷째, 제41조 제①항의 "통일주체국민회의는 국회가 발의·의결한 헌법 개정안을 최종적으로 의결·확정한다."

첫째, 대한민국은 주권재민의 민주공화국이다. 헌법 제1조이다. 그리고 대의민주제 국민의 대표기관으로 국회가 존재한다. 그런데 제35

---

128 주철희, 『대한민국 현대사:헌법에서 현대사를 읽다』2, 더읽다, 2024, 63~65쪽을 옮겼다.

129 한상범, 『헌법이야기』, 현암사, 1998, 62쪽.

조에 따르면 통일주체국민회의가 국민의 주권을 수임하는 기관이다. 국민의 주권은 수임될 수 있는가? 국민의 주권이 특정인 또는 특정기구에 수임된 나라를 민주공화국이라고 할 수 있는가? 5·16쿠데타 이후 국가재건최고회의를 설치하여 주권을 수임했던 행태를 다시 보인 것이다. 정상적인 민주주의 국가에서 존재할 수도, 상상할 수도 없는 기구를 만들었다. 오로지 1인 지배체제의 나라를 만들기 위함이었다.

둘째, 그동안 대통령책임제의 권력구조 아래에서는 제1대, 제2대를 제외하고는[130] 국민의 직접선거로 대통령을 선출하였다. 그런데 대통령을 통일주체국민회의에서 토론 없는 무기명투표로 선출한다는 것이다. 대의민주주의는 선거에 통해 국민의 통제를 받는 구조이다. 박정희는 국민의 선거 따위는 필요 없고, 국민의 통제도 더 이상 받지 않겠다는 놀라운 발상을 한 것이다. 제7대 대통령선거에서 김대중이 "앞으로는 선거조차 없는 영구집권의 총통 체제를 저지르고야 말 것"이라고 했던 주장이 적중하였다.

셋째, 국회의원을 국민이 직접 선출하는 것은 대의민주주의에서 필수적 권리이며, 신성한 의무이다. 그런데 '국회의원 정수의 3분의 1에 해당하는 수'를 통일주체국민회의에서 선출하여, 대통령에게 추천한다. 국회의원 3분의 1을 대통령이 선출함으로써 입법권을 무력화하려는 의도를 정확하게 표출하였다. 통일주체국민회의에서 선출된 국회의원들이 만든 단체가 '유신정우회(일명 유정회)'이다. 제9대 국회의원 총선거(1973년 2월 27일)는 총 의석 219석이었다. 이 중에 3분의 1인 73명을

---

130 제1대와 제2대는 국회에서 국회의원이 대통령을 선출함.

유정회가 차지하면서 원내 제1교섭 단체가 되었다. 유정회와 민주공화당은 박정희의 든든한 여당으로 역할을 충실히 하였다.

넷째, 헌법 개정안은 국회의 고유권한이었다. 그런데 국회가 의결한 헌법 개정안을 최종적으로 통일주체국민회의가 다시 의결해야만 확정된다는 것이다. 이러한 결정은 국회의 헌법개정 권한을 박탈하는 조치이다. 유신헌법에 따르면, 야당이 헌법을 개정할 수 있는 의석을 확보하기란 하늘에서 별을 따는 것보다 어려웠다. 그런데도 박정희는 혹여나 발생할 수 있을 상황을 대비하여 헌법개정의 권한을 통일주체국민회의에 두었다.

통일주체국민회의는 결국 박정희의 박정희에 의한 박정희를 위한 박정희 시대에 첨병 역할을 하였다. 반면 국회의 기능은 매우 축소되었다. 우선 대통령은 통일주체국민회의 의장이 되었다(제36조 ③항). 대통령의 임기는 6년으로 정했다(제47조). 당시 자유중국의 총통과 임기를 같게 하였다. 대통령에게 직접 국회를 해산할 수 있는 권한이(제59조) 주어졌다. 그리고 국회의원 3분의 1을 결정하는 권한(제40조 ①항)까지 가지게 되었다.

4
부마민주항쟁과 계엄

1972년 10월 17일 박정희는 대통령 특별선언을 통해 유신을 선포하였다. 전국에 비상계엄이 선포되었고, 국회 해산, 정당 및 정치활동의 중지 등 헌정질서가 정지되었다. 종신대통령 꿈꾸었던 박정희는 이를 실현하기 위해 헌법을 개정(7차 개헌)하였고, 이른바 유신헌법으로 '제4공화국'이 출범하였다. 박정희는 통일주체국민회의란 체육관 선거를 통해 제8대와 제9대 대통령에 당선되었다. 두 번의 선거는 모두 박정희 혼자 출마하여 99.96% 득표율을 보였다. 국회는 대통령이 추천한 국회의원이 탄생하였다. 무려 국회의원 정수의 3분의 1을 차지하였다. 행정부, 사법부, 입법부가 대통령 한 사람의 손에 의해 좌지우지되는 절대 권력이었다. 그러나 민심은 박정희의 의지와 다른 방향으로 흘렀다. 유신정권은 종말로 치닫고 있었지만, 1인 독재체제의 환상에 빠져 닥쳐올 몰락을 박정희는 감지하지 못하였다.[131]

유신정권 최후의 발악은 1979년 10월 4일 국회에서 당시 신민당

---

[131] 부마민주항쟁은 주철희의 『대한민국 현대사』1(더읽다, 2024)을 참조.

총재 김영삼 제명 결의안이 민주공화당과 유정회 의원만으로 전격 의결한 것이다. 박정희 유신체제에 대해 쌓인 불만, 분노와 동시에 김영삼 제명이라는 충격적인 소식을 접하면서 그의 정치적·정서적 고향인 부산과 마산의 시민들은 강한 좌절과 울분에 휩싸였다. 김영삼의 의원직 박탈은 부산과 마산의 시민·학생들을 궐기시키는데 기폭제 역할을 하였다. 부마민주항쟁이다.

부마민주항쟁이란 1979년 10월 16일부터 10월 20일까지 부산·마산 및 창원 등 경남 일원에서 유신체제에 대항하여 발생한 민주화운동을 일컫는다.[132] 그 시작은 10월 16일 부산대학교였다. 학생들은 오전 9시 30분 도서관 앞으로 모여들기 시작하였다. 학생들은 애국가와 교가를 시작으로 '기다리는 마음', '우리의 소원', '아침이슬', '선구자', '통일의 노래' 등의 노래를 부르며 전열을 정비하였다. 총장 등 보직교수들이 "학생들이 이러면 안 된다"면서 해산을 종용하였지만, 오히려 학생들은 "어용교수 물러가라"를 외치며 교수들을 질타하였다.

오전 10시경 부산대학생 2천여 명은 교내에서 '유신철폐', '독재타도' 등의 반정부 구호를 외치며 교내시위를 벌였고, 11시경 부산 시내로 진출하였다. 학생들의 시위는 시민들이 호응하고 합세하면서 대중시위로 확대되었다. 오후 들어서면서 시위 소식을 접한 고려신학교(현 고신대학교)와 동아대학교 학생들도 시위에 합류하면서 대규모 시위 행렬이 등장하였다. 밤이 되면서 시위는 더욱 격화되었다. 경찰이 학생 시위대는 물론이고 시민들과도 싸워야 하는 형국이 되었다. 시위대가

---

132 「부마민주항쟁 관련자의 명예회복 및 보상 등에 관한 법률」제2조 제1항.

경찰을 공격하기 시작하였다. 수세적 시위에서 능동적이면서 공세적 태도로 전환한 것이다.

17일에도 시위는 계속되었고, 이날 시위로 21개의 파출소가 파손 내지 방화되고 경찰 차량 6대 전소, 12대 파손, 경남도청, 중부세무소, KBS, MBC, 부산일보 등 주요 기관이 파괴되거나 투석 세례를 당하였다. 경찰도 병력을 대거 투입하였지만, 시위를 효과적으로 막지 못하였다.

시위 규모도 커졌으며 시위대 구성이 학생뿐만 아니라 다양한 사람들로 확대되었다. 학생으로부터 시작된 시위가 자연발생적이고 자발적인 민중 저항으로 발전하였다.[133]

> 그 당시로 말하자면 시국에 대한 불만을 가진 사람들이 학생뿐만 아니고 시민들이 굉장히 호응을 했으니까요. 처음에는 호응하지 않았지만 왜냐하면 날이 밝을 때는 이게 노출되기를 꺼려 하잖아요. 그러니까 해가 지면서 남성동, 창동 일대와 불종거리에서 과격해지게 되었는데, 불종거리에서 과격해진 큰 원인 중 하나가 인근 공사장 자재가 무기가 된 것입니다. 어쨌든 이날 상황은 학생에 의해 시작되어 시민의 참여로 진행된 자연발생적 상황이라고 보면 돼요.[134]

10월 18일, 날이 밝았다. 부산 시민들의 눈이 휘둥그레졌다. 신문 1면에는 '부산에 비상계엄 선포'란 커다란 제목이 달렸고, 계엄사령관

---

133 박범종, 「한국현대사에 부마민주항쟁의 의미」, 『한국과 국제사회』제5권 6호, 2021, 312쪽.
134 부마민주항쟁기념사업회, 『마산, 다시 역사를 이야기하다』마산편 2, 2019, 399쪽.

명의의 포고문이 실렸다.

부산에 비상계엄 선포 국민의 생업안정에 최선
(『경향신문』, 1979년 10월 18일)

정부는 17일 밤 11시 30분 중앙청 국무회의실에서 "18일 0시를 기해 부산직할시 일원에 비상계엄 선포"를 심의하였다. 10분 뒤인 11시 40분 김성진 문공부 장관은 중앙청 기자실에서 계엄령 선포 발표 및 계엄령 선포에 따른 대통령 담화를 발표하였다. 박정희 대통령은 담화를 통해 "작금 부산에서 지각없는 일부 불순분자들이 이 엄연한 국가 현실을 망각, 외면하고 공공질서를 파괴하는 난폭한 행동으로 사회 혼란을 조성하여 시민들을 불안케 하고 있음은 개탄을 금치 못할 일"이라면서 불순분자의 망동을 발본색원하겠다고[135] 밝혔다.

```
국무회의의 심의를 거친 비상계엄선포를 이에 공고한다.
                    대 통 령  박 정 희 ㊞
     1979년 10월 18일
                    국 무 총 리  최  규  하

◉大統領公告第65號
                  非 常 戒 嚴 宣 布
釜山市一圓에서  騷擾事態가  發生하여  重要한  公共施設의
破壞  및  人的被害發生으로  市一圓의  治安秩序가  極度로
攪亂되어  一般行政機關만으로서는  事態收拾이  困難하므로
즉시  軍兵力에  의하여  公共安寧秩序를  維持하고  나아가
市民의  生命과  財産을  保護하기  위하여  다음과  같이
非常戒嚴을  宣布한다.

  1. 戒嚴의 種類 : 非常戒嚴
  2. 戒嚴地區 : 釜山市一圓
  3. 施行日時 : 1979年10月18日 00 : 00時
  4. 戒嚴司令官 : 陸軍軍需司令官
                    陸軍中將  朴  贊  兢
```

『관보』제8374호(대통령공고 제65호), 1979년 10월 18일

비상계엄 선포와 관련된 대통령공고 제65호를 살펴보면, 계엄 선포의 이유는 "부산시 일원에서 소요 사태가 발생하여 중요한 공공시설의 파괴 및 인적 피해 발생으로 시 일원의 치안 질서가 극도로 교란되어 일반 행정기관만으로서는 사태 수습이 곤란하므로 즉시 군병력에

---

135 『경향신문』, 1979년 10월 18일.

의하여 공공 안녕질서를 유지하고 나아가 시민의 생명과 재산을 보호하기 위함"이라고 밝혔다. 계엄사령관에는 군수사령관 박찬긍 육군 중장을 임명하였다.

10월 18일 0시 계엄사령부는 포고문 1호를 발표함으로써 계엄업무에 착수하였다. 박찬긍 계엄사령관 명의의 포고문 내용은 ①일체의 집회·시위·기타 단체 활동을 금한다. 단 관혼상제와 의례적·비정치적 행사인 경우는 예외로 한다. ②일체의 언론·출판·보도·방송은 사전검열을 받아야 한다. ③각 대학은 당분간 휴교조치한다. ④유언비어 날조, 유포와 국론분열 언동은 엄금한다. ⑤정당한 이유 없는 직장 이탈이나 태업 행위는 금한다. ⑥야간통행금지는 22시로부터 익일 새벽 4시까지로 한다.[136] ⑦이 포고를 위반한 자는 영장 없이 체포·구금·압수·수색한다. ⑧시민의 정상적인 경제활동과 일상생업의 자유 및 출입국, 국내여행 등 활동의 자유는 이를 최대한 보장한다.[137]

이어서 계엄공고 1호(계엄군법회의 설치에 관한 사항), 계엄공고 2호(언론·출판물·보도 검열), 계엄공고 3호(합동조사단 편성 운영), 계엄공고 4호(민원상담소 설치), 계엄공고 5호(총포 및 화약류 사용 통제), 계엄공고 6호(불법무기 소지 및 폭발물 자진 신고), 계엄공고 7호(서울지구 연락사무소 설치), 계엄공고 8호(군민 법률상담소 설치), 담화문(계엄 선포 담화) 등을 잇달아 공표하였다.[138]

---

136 당시(1979년)에는 전국적으로 자정부터 새벽 4시까지 야간통행금지가 실시되었다. 야간통행금지는 1982년 1월 5일 전면 해제되었다.
137 『경향신문』, 1979년 10월 18일.
138 부마민주항쟁진상규명 및 관련자 명예회복심의위원회, 앞의 책, 211쪽.

박찬긍 계엄사령관은 밤 10시 30분 부산 군수사령부에 계엄사령부 설치를 명령하였다. 시내 거리에는 계엄포고문과 '친애하는 국민 여러분'으로 시작된 대통령의 담화문이 붙었다. 시위 진압을 위해 서울 송파 거여동에 주둔한 제3공수여단(육사 13기, 여단장 최세창 준장, 하나회 출신)과 포항의 해병 제1사단 제7연대(연대장 박구일 대령)를 투입하였다. 제3공수여단과 해병대 제7연대는 육군본부 '작전명령 제9-79호' 계엄 선포에 따른 병력지원 지시로 부산으로 이동하였다. 제3공수여단은 오전 6시 55분 부산대에 도착했으며, 해병 제1사단 제7연대는 오전 7시 50분에 동아대에 도착하였다. 제3공수여단과 해병 제7연대의 계엄군은 그동안 경찰의 시위 진압과 구별되는 '특수 임무'라는 명령을 부여받았다. 특히 비상계엄 아래의 시위 진압은 '강력한 군대, 삼엄한 분위기'의 인상을 주고, 시위가 발생하면 '과감하고 무자비할 정도로 타격하여 데모대의 간담을 서늘하게 함으로써, 군대만 보면 겁이 나서 데모 의지를 상실하도록' 하여 초동 단계에서 신속하게 진압하도록 하였다.[139]

계엄령이 선포된 18일 오전에 일부 대학에서 시위가 있었지만, 본격적인 시위는 저녁 무렵부터였다. 시내 주요 곳곳에는 제3공수여단 병력이 주둔하였다. 남포동에는 15대대(장교43/사병221명)가 시청과 광복동에는 16대대(44/209명)가 삼엄한 경비를 섰다. 이외에 중부경찰서 중대 병력(3/104명)이 출동하였다. 도심에 배치된 계엄군과 경찰은 620명

---

139 내무부, 「10·19 마산 2차 데모와 전국 치안 상황」(1979.10.20.) 19쪽(『부마민주항쟁 진상조사보고서』, 226쪽 재인용).

(90/530)을 헤아렸다. 계엄군은 부산역, 부산일보사, 부산우체국, 부산 MBC, 부산시경, 시청, 남포동, 부영극장, 중구청, 창선파출소, 미 문화원, 대청사거리, 부산대학병원, 법원, 경남도청, 동아대학교 등 중구와 서구 일대 16개소에 탱크와 장갑차를 배치하였다.[140]

시위대는 많게는 1천여 명, 적게는 300~400여 명의 단위로 전날과 마찬가지로 시내 곳곳에서 모였다 흩어지기를 반복하였다. 전날과 달라진 점은 진압부대가 경찰만이 아니라는 것이다. 진압작전에 투입된 제3공수여단은 공포탄을 발사하고 시위대를 향해 돌격하며 시위 진압을 주도하였다. 공수부대의 무자비한 공격을 견디지 못하고 시위대는 큰 피해를 보고 흩어졌다. 제3공수여단의 시위 진압에 대해서는 군 당국조차도 "철저하고 간담이 서늘하게 진압작전 실시"하여 "데모 의지를 말살하였다"고[141] 자평하였다.

또한 해병 제7연대도 서면에서 "계엄철폐", "유신철폐" 등의 구호를 외치는 시위대에게 위협을 가하며 구타하고 연행하였다. 계엄군의 무차별적인 폭행은 시민은 물론이고 귀가하는 행인들에게까지 이어졌다. 대대적이고 무차별적인 강경진압작전이 펼쳐지면서 부상자가 곳곳에서 속출하였다. 하지만 시민들은 통금시간 밤 10시를 앞둔 시점까지 끈질기게 시위를 이어갔다. 계엄사령부는 시위가 확산하자 제1공수여단(여단장 박희도 준장, 육사 12기, 하나회 출신)과 제5공수여단(여단장 장기오 준장, 육사 12기, 하나회 출신)을 추가로 투입하였다.

---

140 부산대학교 총학생회, 앞의 책, 61~62쪽.
141 내무부, 「부마지역 학생소요사태 교훈」, 7쪽(『부마민주항쟁 진상조사보고서』, 228쪽 재인용)

19일, 공수여단이 중심된 계엄군이 부산 주요 시가지에 배치되어 삼엄한 경계를 섰다. 계엄군은 탱크와 장갑차 등 차량을 이용한 위력 과시에 나서면서 시민들을 위협하였다. 계엄 선포와 계엄군 투입으로 더 이상 대규모 시위를 진행할 수 없었다. 간헐적으로 수기로 작성된 벽보가 나붙을 정도였다.

부산 소식에 마산 시민이 조금씩 술렁이기 시작하였다. 10월 18일 아침 이른 시간 7시~8시 사이에 경남대학 교내에서 격문이 발견되었다. 격문에는 '민주회복 대학생 동맹' 명의로 '경남대학생 제위'에게 보내는 형식이었다. 나무 기둥에는 "독재자 박정희 파쑈 물러가라! 박정희의 앞잡이 공화당을 말살하자"라는 격문이었다. 또 다른 격문에는, "이 세상에… 세우라는 사람의 무리, 부르짖어라! …찢어져 폐이될 때까지 부르짖어라! 일시 : 추후"라고 적혀 있었다. 도서관 내에 붙은 격문에는, "학도여! 독재자들의 만행을 보고만 있으렵니까? 이 땅 위에 민주주의 회복을 위하여 우리 총화 단결하여 시위합시다"라는 내용이 '학도'의 명의로 부착되어 있었다. 시위는 학교에서 시작하여 오후에는 마산 시내로 진출하였고, 시민들도 적극적으로 시위를 지원하였다.

19일에도 시위가 시내 곳곳에서 계속되자 정부는 군 병력을 투입하였다. 20시 55분경 진해의 해군 통제부 병력 272명(20/252)이 마산으로 이동했고, 21시 5분에는 진해의 수송교육대 장갑차(APC) 3대가 마산으로 이동하였다. 22시 8분 부산지역 시위 진압에 투입된 제1공수여단 2대대 병력 235명(44/191)을 마산에 투입되기로 하였다. 제1공수여단 2대대 병력은 20일 0시 45분 마산에 도착하여 39사단에 배속되었다. 마산은 계엄지역이 아니었음에도 특전사 부대가 투입되었다.

이는 최고 통수권자의 명령이 아니고는 불가능한 일이다.

그리고 20일 오후 12시부로 마산과 창원지역에 위수령[142] 을 발동하였다. 경남 마산지역 작전사령관 조옥식 소장 명의로 "마산시 및 창원출장소 일원에 학생과 불순분자들의 난동 소요로 군軍이 마산시의 안녕과 질서를 유지하기 위해 위수령을 발동했다"고 밝혔다.[143] 위수령의 발동으로 제5공수여단 병력 1,461명(254/1,207)이 마산에 투입되었고, 20일 새벽 도착한 제1공수여단 2대대 병력은 다시 부산으로 복귀하였다. 20일 오후 2시 30분 마산지역에 투입된 제5공수여단 병력과 제39사단 병력 1,500명(260/1,240)은 장갑차 5대와 차량 89대를 타고 시가지를 돌며 무력 시위에 나섰다. 시민들에게 공포 분위기를 조성하기 위함이었다.

10월 18일 부산에 계엄령이 내려지고, 20일 마산에 위수령이 내려지면서 자발적인 시민들의 저항운동은 수면 아래로 가라앉았다. 부마민주항쟁의 종료이다. 10월 23일 박찬긍 계엄사령관은 계엄포고 2호를 발표, 야간 통행금지를 종전대로 24시에서 다음날 4시로 환원하

---

142 위수령은 육군 부대가 계속 한 지역에 주둔하며 그 지역의 경비, 군대의 질서 및 군기 감시와 육군에 속하는 건축물과 시설물 보호에 임하는 것에 관해 규정했던 대통령령이다. 계엄령의 경우 그 지역 행정 및 사법업무까지 계엄사령관이 행사하지만, 위수령은 행정이나 사법에 권한은 전혀없이 단지 질서유지를 위한 경비와 군기 감시 및 육군에 속하는 건물 기타 시설물을 보호만을 목적으로 한다. 위수령에 관한 법령은 1950년 3월 27일 대통령령 제296호로 제정되었고, 1970년, 2001년, 2003년에 일부 개정을 거쳐 2018년 3월 17일 폐지되었다.

143 『동아일보』, 1979년 10월 20일.

였다.[144] 아울러 24일 오후부터는 통상적인 집회 및 행사는 경찰서장의 허락을 얻어 개최할 수 있도록 하였으며, 26일 자정부터 공공건물, 학교, 언론기관, 시내 경비를 하던 계엄군을 모두 철수시켰다.[145]

이처럼 공공의 사회질서가 평온상태로 회복되었음에도 부산지역의 비상계엄 그리고 마산과 창원지역의 위수령은 해제되지 않은 상황에서 커다란 역사적 사건과 마주하게 된다. 10·26사태이다.

---

144 『경향신문』, 1979년 10월 24일.

145 부마민주항쟁은 잘 드러나지 않은 대한민국 현대사이다. 부마민주항쟁은 박정희 유신체제에 반대하여 일어난 민중의 항거였다. 박정희 유신체제와 그 체제 유지를 위한 도구이자 수단이었던 1972년 유신헌법은 불가분의 관계에 있다. 부마민주항쟁은 유신헌법과 긴급조치로 유지되던 유신체제 말기에 발생한 민중항쟁으로, 유신체제가 종말을 고하는 데 결정적인 역할을 하였던 국민적 저항운동이라는 역사적 의의가 있다(부마민주항쟁진상규명 및 관련자 명예회복 심의위원회, 앞의 책, 495쪽).

4장

전두환의 욕망과
비상계엄

1
10·26사태와 전두환

박대통령 서거 : 비상계엄 전국 선포
(『동아일보』 1979년 10월 27일 「호외」)

1979년 10월, 대한민국 현대사의 물줄기를 바꾸는 거대한 폭발음이 궁정동에서 울려 퍼졌다. 1961년 5·16쿠데타로부터 1979년 10월 26일까지 만 18년 5개월 10일 동안의 절대 권력이 막을 내렸다. 박정희가 자기의 부하가 쏜 총에 맞아 사망하였다.[146] 박정희의 사망으로 군부의 시대는 끝난 줄 알았다. 그러나 호시탐탐 권력을 노리는 또 다른 군부가 있었다. 이를 신군부라고 일컫는다. 신군부가 권력의 전면에 나설 수 있었던 것은 10월 27일 4시에 선포된 비상계엄이다.

정부는 26일 밤 11시 긴급 임시국무회의를 개최하여 헌법 제48조에 따라 최규하 국무총리가 대통령의 권한대행을 수행하였고, 27일 상오 4시를 기해 제주도를 제외한 전국 일원에 비상계엄을 선포하였다.

```
국무회의의  심의를  거쳐  비상계엄을  선포한다.
        대 통 령 권한대행    최    규    하 ㉑
1979년 10월 27일
            국 무 총 리    최    규    하

◉大統領公告第66號
            非 常 戒 嚴 宣 布

大統領의  有故로  大韓民國의  安全保障과  社會秩序 그리
고  國內治安維持를  圖謀하기  위하여  다음과  같이 非常
戒嚴을  宣布한다.

    1. 戒嚴의 種類 : 非常戒嚴
    2. 戒 嚴 地 區 : 全國一圓(但, 濟州道 除外)
    3. 施 行 日 時 : 1979年 10月 27日 04 : 00時
    4. 戒嚴司令官 : 陸軍參謀總長
                陸軍大將    鄭    昇    和
```

---

146 10·26사태는 주철희의 『대한민국 현대사』2(더읽다, 2024)을 참조.

대통령공고제66호

비 상 계 엄 선 포

비상계엄 선포의 이유는 대통령의 유고로 대한민국의 안전보장과 사회질서 그리고 국내 치안유지를 도모하기 위하여 다음과 같이 비상계엄을 선포한다.

1. 계엄의 종류 : 비상계엄
2. 계 엄 지 구 : 전국일원(단, 제주도 제외)
3. 시 행 일 시 : 1979년 10월 27일 04:00시
4. 계엄 사령관 : 육군참모총장 육군대장 정승화[147]

정승화 계엄사령관은 계엄포고 제1호와 제2호를 발표하였다. 계엄포고 1호는 그동안 발동되었던 비상계엄 포고와 다르지 않았다. 포고의 내용은 ①일체의 옥내외 집회 금지, ②언론·출판·보도는 사전 검열, ③야간 통행금지는 저녁 10시부터 익일 4시까지, ④직장이탈 및 태업행위 금지, ⑤유언비어 날조 유포 금지, ⑥항만 및 공항 검열, ⑦모든 대학 휴교조치, ⑧집단적 난동 소요 및 범법행위 금지, ⑨주한 외국인 활동 보장 등이다. 포고를 위반한 자는 영장 없이 체포, 구금, 수색하며 엄중 처단한다고 하였다. 계엄포고 2호는 부산지역 선포된 계엄에 대하여 10월 27일 04시를 기하여 당 계엄사령관의 조치로 적용한다는 것이다.

계엄사령관의 포고에 이어 계엄공고가 제1호부터 제7호까지 발표되었다.[148] 주목할 계엄공고는 제5호이다. 계엄법 제16조에 의거하여

---

147 총무처, 『관보』제8382호(대통령공고제66호), 1979년 10월 27일.
148 계엄공고 제1호 계엄기구 설치, 계엄공고 제2호 언론출판의 검열, 계엄공고 제3호 집회신고 요령, 계엄공고 제4호 계엄군법회의 지정, 제5호 수사단 설

계엄사령부 내에 합동수사본부를 설치하고, 지방계엄사무소에는 합동수사단을 설치하여 운용한다는 것이다. 합동수사본부는 모든 수사기관(검찰, 군검찰, 중앙정보부, 경찰, 헌병, 보안)의 업무를 조정·감독하였다. 합동수사본부장이 누구인지 공고되지 않았지만, 보안사령관 전두환 육군소장이 맡았다. 즉 합동수사본부 설치가 전두환에게 날개를 달아 준 것이다.

그런데 합동수사본부의 설치 근거로 삼았던 당시 계엄법 제16조는 "비상계엄지역 내에 있어서는 전조 또는 좌기의 죄를 범한 자는 군법회의에서 이를 재판한다. 단 계엄사령관은 당해 관할법원으로 하여금 이를 재판케 할 수 있다"는 군법회의에 관한 규정이다. 또한 당시 '계엄사령부 직제'에 관한 시행령에도 합동수사본부 또는 합동수사단은 계엄사령부 직제에 존재하지 않는다. 계엄사령부직제에 관한 시행령에 '합동수사본부 및 합동수사단'이 직제로 규정된 것은 1981년 12월 19일 시행령이 전면 개정되면서부터이다. 근거도 없이 설치된 합동수사본부는 이후 맹활약을 펼치면서 전두환과 신군부가 급부상하게 된다.

2024년 12·3비상계엄 사태에서 눈여겨볼 인물이 방첩사령관 여인형이다. 여인형은 비상계엄이 선포되면서 합동수사본부장을 맡아 모든 수사를 지휘하고 감독할 인물이었다.

전두환이 전면에 등장한 날은 10월 28일 오후 4시이다. '박정희 대통령 시해사건' 중간수사 발표에서 전두환은 "김재규가 은연중 계획

치, 제6호 계엄관할 지역 조정, 제7호 야간통행 통제 등이다(『조선일보』, 1979년 10월 28일).

하에 자행한 범행"이라면서 "다수인원을 연행하여 관련 여부를 수사 중이며, 전모가 밝혀지는 대로 추가 발표할 것이다"라고 밝혔다. 국민의 눈과 귀가 전두환에게 쏠렸고, 전두환은 이를 간파하였다. 계엄사 합동수사본부장 전두환은 이 사건을 발표하면서 국민에게 자기의 존재감을 드러냈다.

이날 전두환은 김재규를 "아비를 죽인 만고의 패륜아"로 단정 지었다. 또한 그는 "미국 CIA가 배후에 개입되어 있더라도 수사를 중단하지 않겠다"라고 공언할 만큼 김재규에 대한 증오를 드러냈다.[149]

11월 6일 계엄사령부 합동수사본부장 전두환은 '국헌문란 기도 박정희 대통령 시해사건'에 대한 전모를 밝혔다. 계엄사 합동수사본부 발표 전문의 서두에 '대역 원흉인 김재규 일당'이라고 적시하였다. 전두환은 "원흉 김재규는 박 대통령을 제거하고 자신이 대통령이 되겠다는 과대망상증에 사로잡혀 어처구니없는 살인극을 빚었다"고 밝혔다. 그러면서 "김재규 일당을 비롯한 1백11명을 소환, 수사한 결과 군부 또는 여타조직의 관련이나 외세의 조종 또는 개입은 전혀 없다"고 잘라 말했다.

합동수사본부가 밝힌 '박정희 대통령 시해사건'의 주범은 중앙정보부장 김재규이다. 박정희 총격사건에 직접 가담한 공범으로는 박선호(중앙정보부 비서실 의전과장), 박흥주(정보부장 수행비서관, 육군대령), 이기주(중정안가 경비원), 유성옥(중정안가 운전사), 김태원(중정안가 경비원)이며, 김계원

---

149 천금성, 「전두환의 12·12 일곱가지 책략」, 『월간중앙』1989년 11월호, 226~239쪽.

대통령비서실장은 간접적으로 가담한 공범이라고 발표하였다. 아울러 궁정동 안가의 별실에 있었던 육군참모총장 정승화와 중앙정보부 2차장보 김정섭은 총격사건과 무관하다고 발표하였다.

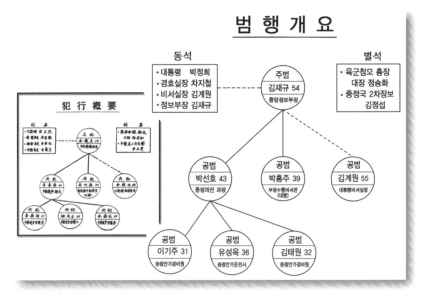

『경향신문』, 1979년 11월 6일

10월 26일 박정희가 총격으로 사망할 당시에는 부산시에만 비상계엄령이 선포되었다. 그리고 박정희 총격사건에 연루된 사람 중 박흥주를 제외하고는 모두 민간인이었다. 그런데 김재규·박선호 등 민간인이 1심은 육군 보통군법회의, 2심은 육군 고등군법회의에서 재판을 받았다. 이러한 법적 요건의 불법적 행위에 대해 김재규 유족은 2020년 재심을 청구하였고, 4년 만인 2024년 4월 17일 첫 심문이 열렸다. 김재규 재심은 향후 귀추가 주목되는 재판이다. 이처럼 불법적인 군법회의의 바탕에는 여순항쟁 당시 군법회의가 있다.

1961년 5·16쿠데타 이후 군대는 국가의 최상위 기구였으며, 또 다른 국가 그 자체로써 정치를 좌지우지하는 권력기관이었다. 1979년 10월 26일 박정희가 사망하면서 유신체제가 실질적으로 종막을 고하였다. 유신체제의 붕괴는 군 내부 권력구조의 공백을 의미하였다. 군 내부에서는 치열한 권력투쟁이 전개되었다. 그 정점에는 정승화 육군 참모총장 겸 계엄사령관을 중심으로 한 노장파가 있었다. 노장파는 정승화 계엄사령관을 중심으로 비정규 육사 출신(국방경비사관학교), 육군종합학교 출신, 갑종간부후보생 등 한국전쟁 이전 또는 전쟁 중에 임관된 장교들을 일컫는다. 노장파는 전통적인 서열 위주의 인사를 통해 군부를 장악하려고 하였다. 반면 전두환 보안사령관 겸 합동수사본부장을 중심으로 한 정규 육사 출신의[150] 하나회. 즉 신군부이다.[151]

정승화 계엄사령관은 10월 27일 군의 정치적 중립을 선포하고 합법적 방법에 따른 정치 일정을 고수할 것을 선언하였다.[152] 아울러 시국대책회의에서 '군의 정치 불개입 원칙'에 따라 군부의 대표를 철수시켰다. 정승화 계엄사령관은 11월 8일 대국민 담화문을 통해 "이 역사적인 시련의 때를 당하여 우리 군은 맡은 바 계엄업무를 효과적으

---

150 신군부의 중심인 전두환, 노태우, 정호용 등은 육군사관학교의 4년제를 처음으로 졸업한 11기생이다. 1952년 1월 입학하여 1955년 소위로 임관한 11기생들은 '정규육사 1기'란 자부심이 대단했으며 4년간의 학창시절을 통해 강한 동료의식을 형성했고, 육사가 육군의 최고 교육기관이라는 엘리트 의식이 강하였다.

151 전두환과 신군부는 주철희의 『대한민국 현대사』2(더읽다, 2024)를 참조.

152 『동아일보』, 1979년 10월 27일.

로 완수하고 하루빨리 군 본연의 임무인 국토방위에만 전념할 수 있게 되기를 바라고 있다"고[153] 공개적으로 발표하면서 군의 정치 불개입을 약속하였다. 이러한 계엄사령관 정승화의 견해와 신군부는 상당한 차이가 있었다. 신군부는 그동안 군대가 국가의 최상위 기구로서 정치를 좌지우지했던 영화榮華를 포기할 수 없었다. 전두환에게 있어 대선배인 정승화 육군참모총장 겸 계엄사령관은 걸림돌 그 자체였다.

1979년 12월 12일. 신군부는 군권을 장악하기 위해 행동에 나섰다. 작전명은 '생일집 잔치'였다. '생일집 잔치'의 초대 대상은 정승화 육군참모총장 겸 계엄사령관이었다. 정승화가 박정희 총격사건에 연루되었다는 명분을 내세워 신군부는 그를 연행하려고 하였다. 그런데 정승화는 이미 몇 차례에 걸쳐 스스로 조사받겠다고 자청하였다. 합동수사본부의 자료에 따르면, "10월 29일 오전 10시 30분 정승화 계엄사령관이 전두환 본부장에게 2차 중간 발표의 필요성을 강조한다. 정 사령관은 자신도 정식으로 진술서를 받겠다면서 합수본부 수사관 파견을 요청"하였다. 앞에서 보았지만, 전두환 합동수사본부장은 별채에 있었던 정승화와 김정섭은 이 사건과 무관하다고 발표하였다.

그런데 대통령의 재가도 없이 계엄사령관을 전격적으로 연행하기 위해 군대가 움직였다. 신군부는 정승화 연행과 동시에 정승화 연행·조사에 대한 대통령 재가를 통해 합법화하려고 하였다. 그런데 대통령이 재가를 거부하면서 원래 계획대로 되지 않았다. 전두환을 비롯한 신군부는 군병력을 동원한 위력 과시에 나섰다.

---

153 『동아일보』, 1979년 11월 8일.

1979년 12월 13일 새벽 서울 도심은 장갑차와 탱크 등으로 무장한 군인들이 점령하였다. 신군부의 무력 시위이다. 새벽 5시 10분 전두환 등 신군부는 다시 대통령 임시 거처인 총리공관을 찾았다. 총리공관이 이미 봉쇄된 상태에서 최규하 대통령은 전두환 등의 신군부를 맞이하였다. 정승화 총장의 연행·조사에 대한 재가 서류에 최규하 대통령은 결국 서명하였다. 13일 신군부는 이희성 육군 중장을 대장으로 승진하여 육군 참모총장 겸 계엄사령관으로 임명하였다. 신군부가 내정한 것으로 최규하 대통령이 재가하였다. 신군부가 군부를 완벽히 장악하였음을 알리는 신호였다.

10월 26일 박정희가 사망하고, 27일 새벽 4시를 기해 제주도를 제외한 전국에 비상계엄이 선포되었다. 헌법과 계엄법, 계엄사령부 직제령에도 없는 합동수사본부가 설치되면서 전두환이 전격적으로 세상에 이름을 알렸다. 그리고 12·12쿠데타를 통해 군권을 장악하고, 정치권력까지 장악하기 위해 나선다. 5·17비상계엄 확대 조치로 일컫는 5·17쿠데타이다.

2
5·17비상계엄 확대 조치

1979년 10월 26일 박정희가 사망함으로써 제4공화국 헌법(유신헌법) 제48조에 따라 당시 국무총리였던 최규하가 대통령 권한 대행을 수행하였다.[154] 그리고 헌법 제45조 제②항의 "대통령이 궐위된 때에는 통일주체국민회의는 3월 이내에 후임자를 선거한다"는 규정에 따라 12월 6일 제10대 대통령선거가 있었다. 최규하 후보가 단독으로 입후보하여 통일주체국민회의 재적의원 2,560명 중 11명(해외여행 2명, 신병 6명, 기타 3명)이 불참한 가운데 2,549명이 투표하여 2,465표(96.7%)의 압도적 찬성으로 제10대 대통령에 선출되었다.[155]

최규하가 제10대 대통령에 당선되었지만, 그가 잔여임기를 모두 채울 것이라고 생각하는 사람은 많지 않았다. 최규하는 대통령권한대행 시절인 1979년 11월 10일 특별담화를 통해 "현행 유신헌법에 따라 대통령을 내년 1월 25일 이전에 선출하고, 새 대통령이 가능한 한

---

154 5·17비상계엄 확대는 주철희의 『대한민국 현대사』2(더읽다, 2024)을 참조.
155 『경향신문』, 1979년 12월 6일.

빠른 기간 안에 새 헌법을 개정, 그에 따라 선거를 실시하겠다"고[156] 밝혔다. 최규하 대통령은 헌법 개정에 적극적이었다.

정치권도 분주하게 움직였다. 민주공화당 김종필 총재는 신민당 김영삼 총재를 내방하고, 평화적 정권교체 기틀을 마련하는 데 합의하였다. 국회에서도 '헌법개정심의특별위원회'(이하 개헌특위) 구성 결의안을 여야 만장일치로 채택하고 여야 동수의 28명(공화당 7명, 유신회 7명, 신민당 13명, 통일당 1명)으로 발족하였다.[157]

한편, 최규하 대통령은 1980년 2·29복권을 단행하였다. 박정희의 유신체제에서 긴급조치와 반공법 위반 등으로 수많은 정치인과 재야 지식인들이 선거권과 피선거권이 상실되었고, 일부 정치인은 가택 연금되었다. 최규하 대통령은 사회안정의 바탕 위에서 착실한 정치발전을 추진한다는 이유로 윤보선 전 대통령, 김대중 전 의원, 지학순 주교 등 긴급조치 위반자 등 687명(정치인 22명, 종교인 42명, 학생 373명, 교직자 24명, 언론인 9명, 기타 217명)에 대해 사면·복권을 단행하였다.[158] 1980년 '서울의 봄'이 무르익고 있었다. '서울의 봄'은 '정치의 봄'이었다. 김영삼, 김대중, 김종필 등 정치인들의 움직임도 분주해졌다.

민주화의 물결은 전국 곳곳에서 봇물 터지듯이 솟구쳤다. 3월 신학기부터 각 대학의 학생회와 평교수회가 부활하였고, 5월 들어서면서 학생들은 학원 민주화 투쟁에서 사회 민주화 투쟁으로 전환하였다. 학

---

156 『동아일보』, 1979년 11월 10일.
157 국회회의록, 제103회 제8호(1979년 11월 26일).
158 『경향신문』, 1980년 3월 1일.

생들은 계엄령 철폐, 학생입영 집체훈련 폐지, 국회 주도 헌법 개정 촉구, 어용교수 자진사퇴 등을 요구하며 민주화 대행진을 벌였다.

학원가의 시위가 점차 가열됨에 따라 신민당과 공화당은 5월 12일 여야 총무회담을 열고 5월 20일부터 6월 8일까지 제104회 임시국회를 소집하기로 합의하였다. 양당은 국회에서 계엄령 해제 문제, 헌법 개정 문제, 정치 일정 문제 등 시국 전반을 논의하기로 하였다. 신민당은 더 나아가 현행 비상계엄은 "헌법 제54조와 계엄법 제4조에 의하면 비상계엄은 전쟁이나 이에 준하는 사변에 있어서 적의 포위공격 때문에 사회질서가 극도로 교란된 지역에 선포하는 것인데, 이번 비상계엄은 선포 당시나 지금이나 법적 여건을 갖추지 못했다"면서 5월 14일 '비상계엄 해제 촉구 결의안'을 국회에 제출하였다. 유신헌법 제54조 제5항에 따르면 "국회가 재적의원 과반수의 찬성으로 계엄의 해제를 요구한 때에는 대통령은 이를 해제하여야 한다"고 규정되었다. 박정희 사망 이후 국회의 다수를 차지하고 있던 유정회가 무력화되면서 비상계엄 해제는 현실화되어 갔다.

비상계엄 해제는 군정시대에서 헌정시대로의 복원을 의미한다. 정치권의 발 빠른 움직임에 신군부도 움직이기 시작하였다. 최규하 대통령은 5월 10일부터 사우디아라비아와 쿠웨이트를 공식방문하고 5월 17일 귀국할 예정이었으나, 하루 앞당겨 16일 오후 3시에 귀국하였다. 최규하는 귀국 즉시 시국관련대책회의를 소집하였다. 이 자리에는 신현확 국무총리, 김종환 내무부장관, 주영복 국방부장관, 전두환 중앙정보부장 서리, 이희성 계엄사령관, 최광수 대통령비서실장 등이 참석하였다. 이 자리에서 어떤 논의가 있었는지는 알 수 없다.

대통령공고 제68호

비 상 계 엄 선 포

1979년 10월 27일 04:00시를 기하여 제주도를 제외한 전국일원에 비상계엄을 선포하였는 바, 최근 북괴의 동태와 전국적으로 확대된 소요사태 등으로 전국 일원이 비상사태하에 있으므로 국가안전보장과 사회질서를 유지하기 위하여 1980년 5월 17일 24:00시를 기하여 비상계엄 선포 지역을 전국일원으로 변경하여 선포한다.

   1, 계엄의 종류 : 비상계엄

   2. 실 시 지 역 : 전국일원

   3. 시 행 시 기 : 1980년 5월 17일 24:00시부터

               평상상태로 회복시까지

   4. 계엄 사령관 : 육군참모총장 육군대장 이희성[159]

비상계엄 확대 조치의 이유는 "북괴의 동태와 전국적인 소요 사태 확대로 국가안전보장과 사회질서 유지"였다. 당시 북한의 동요는 없었다. 그리고 학생의 시위도 5월 15일, 이른바 '서울역 회군'으로 일단락되었다.

5월 13일 밤 서울 광화문 일대에는 6개 대학 2,500여 명의 학생들이 '계엄철폐'를 외치며 가두시위를 벌였다. 14일 서울 시내 21개 대학 5만여 명의 학생들이 빗속에서도 유신세력 퇴진, 계엄철폐, 이원집정부제 반대, 정부 주도 개헌 반대 등을 외치며 밤늦게까지 종로, 광화문, 시청, 서울역 등에서 가두시위를 벌였다. 지방에서도 15개 대학 학생의 가두시위가 있었다. 학생시위는 5월 15일 절정을 이루었다.

---

[159] 총무처, 『관보』제8547호(대통령공고제68호), 1980년 5월 17일.

서울의 35개 대학과 지방의 24개 대학에서 참여하였다. 서울역 광장에는 학생 10만 명과 시민 5만 명이 집결하여 '계엄철폐'와 '유신잔당퇴진' 그리고 민주화 일정 제시를 요구하였다. 시위가 절정에 달한 저녁 8시경 신현확 국무총리가 '연말까지 개헌안 확정, 내년 상반기까지 양대 선거실시'라는 민주화 일정을 발표하며 학생시위의 해산을 종용하였다. 시위를 이끌던 학생운동 지도부는 일단 여기서 시위를 멈추고 해산을 결정하였다. 이를 '서울역 회군'이라고 부른다.

'서울역 회군'으로 5월 16일 학생시위는 일단 멈췄고, 학생 지도부는 16일 오후부터 17일까지 이화여대에 모여 제1회 전국대학총학생회장단 회의를 열었다. 서울 소재 31개 대학과 지방 25개 대학이 참여한 회의에서 학생 지도부는 가두시위의 결과를 평가한 뒤 서민경제와 국가 안보를 위해 당분간 시위를 중단하고 17일부터 정상수업을 받기로 결의하였다. 그러나 결의문이 작성되기 전 17일 새벽에 경찰이 투입되어 학생 지도부 18명이 연행되고, 나머지는 강제 해산되었다.

계엄선언의 이유였던 '전국적으로 확대된 소요사태'는 5월 15일을 기점으로 일단락되었다. 그리고 주도적인 역할을 하였던 학생들도 연행되었다. 그런데 5월 17일 밤 9시 30분 신현확 국무총리 주재 긴급 국무회의가 개최되었고, "최근 학생 가두시위로 고조되고 있는 정국의 위기를 타개한다"면서 17일 자정을 기해 제주도를 포함한 전국 일원에 비상계엄을 선포하였다. 1979년 10월 27일 제주도를 제외한 비상계엄이 제주도를 포함한 비상계엄으로 다시 선포되었다. 이를 '5·17비상계엄 확대 조치'라고 일반적으로 일컫는다.

이희성 계엄사령관은 5월 18일 새벽 1시를 기해 포고령 10호를 발표하였다.

◇포고령 10호 전문◇

◇포고령 10호 전문◇

1. 1979년 10월 27일에 선포한 비상계엄이 계엄법 규정에 의하여 1980년 5월 17일 24시를 기하여 그 시행지역을 대한민국 전지역으로 변경함에 따라 현재 발효 중인 포고를 다음과 같이 변경한다.

2. 국가의 안전보장과 공공의 안녕질서를 유지하기 위하여

　가. 모든 정치활동을 중지하여 정치목적의 옥내외 집회 및 시위를 일체 금한다.

　　정치활동 목적이 아닌 옥내외 집회는 신고하여야 한다.

　　단 관혼상제와 의례적인 비정치적 순수종교 행사의 경우는 예외로 하되 정치적 발언을 일체 불허한다.

　나. 언론·출판·보도 및 방송은 사전 검열을 받아야 한다.

　다. 각 대학(전문대학 포함)은 당분간 휴교조처한다.

　라. 정당한 이유없는 직장이탈이나 태업 및 파업행위를 일체 금한다.

　마. 유언비어의 날조 및 유포를 금한다. 유언비어가 아닐지라도

　　① 전·현직 국가원수를 모독 비방하는 행위

　　② 북괴와 동일한 주장 및 용어를 사용, 선동하는 행위

　　③ 공공집회에서 목적 이외의 선동적 발언 및 질서를 문란시키는 행위는 일체 불허한다.

　바. 국민의 일상생활과 정상적 경제 활동의 자유는 보장한다.

　사. 외국인 출입국과 국내 여행 등 활동의 자유는 최대한 보장한다.

본 포고를 위반한 자는 영장없이 체포, 구금, 수색하며 엄중처단한다.

1980년 5월 17일 계엄사령관 육군대장 이희성[160]

---

160 『조선일보』, 1980년 5월 18일.

비상계엄 포고는 모든 정치활동을 중지시켰다. 민주화 일정과 개헌 논의 그리고 국회에서 비상계엄 해제는 완전하게 차단되었다. 포고령 10호는 정치활동 금지, 즉 국회에서 비상계엄 해제 결의안 의결을 막기 위한 비상계엄 확대 조치였음을 여실히 보여준다. 헌법과 계엄법 어디에도 정치 행위를 중지할 수 있는 근거가 없다. 박정희의 전철을 밟아 신군부도 똑같이 행동하였다. 그래서 5·17비상계엄 확대 조치를 5·17쿠데타라고 말한다.

계엄사령부는 이미 준비되었던 것처럼 "국민의 지탄을 받아 오던 권력형 부정 축재 혐의자와 사회불안 조성 및 학생 노조 소요의 배후 조정혐의자 26명을 조사 중"이라고 밝혔다. 권력형 부정 축재 혐의자는 김종필, 이후락, 박종규, 김치열, 김진만, 오원철, 김종락, 장동운, 이세호 등 9명이었으며, 사회 혼란 조성 및 학생 노조 소요 관련 배후 조종 혐의자는 김대중, 예춘호, 문익환, 김동길, 인명진, 고은, 이영희 7명과 학원 시위주동자 등 총 26명을 연행하여 수사 중이라고 밝혔다.[161]

5·17비상계엄 확대는 광주민주항쟁으로 연결되면서 '김대중 내란 음모사건'으로 조작되었다. 신군부는 김대중을 비롯한 체포자들을 두 달 동안 육체적·정신적으로 혹독하게 고문하였다. 신군부가 장악한 언론은 해당 사건을 '용공사건'으로 몰아가면서 김대중에게 '빨갱이'란 색깔을 덧칠하였다. 김대중은 육군계엄보통군법회의(1심)와 육군고등군법회의(2심) 그리고 대법원에서 사형을 선고받았다. 정부는 1981년 1

---

161 『경향신문』, 1980년 5월 18일 호외 2호.

월 23일 대법원에서 형이 확정된 '김대중 내란음모사건' 관련자들에 대한 감형을 조치하였다. '김대중 내란음모사건' 관련자는 총 24명이었다. 대법원에까지 상고한 12명의 피고인별 선고형량을 보면,[162]

피고인	적용죄명	1심	2심	대법원	감형
김대중	내란음모, 계엄법, 국가보안법 등 위반	사형	사형	사형	무기
문익환	내란음모 계엄법 위반	20년	15년	15년	10년
이문영	내란음모 계엄법 위반	20년	20년	20년	15년
예춘호	내란음모 계엄법 위반	12년	12년	12년	8년
고은태	내란음모 계엄법 위반 등	15년	15년	15년	10년
김상현	계엄법 위반	10년	10년	10년	7년
이신범	내란음모 계엄법 위반	12년	12년	12년	9년
조성우	내란음모 계엄법 위반	15년	15년	15년	10년
이해찬	내란음모 계엄법 위반 등	10년	10년	10년	7년
이석표	내란음모 계엄법 위반	7년	7년	7년	5년
송기원	내란음모 계엄법 위반	10년	10년	10년	7년
설훈	내란음모 계엄법 위반	10년	10년	10년	7년

김대중은 1982년 3월 2일 무기징역에서 20년으로 감형되었고, 1982년 12월 23일 형집행정지로 석방되어 신병 치료차 미국행 비행기에 올랐다. 김대중을 비롯한 '김대중 내란음모사건' 관련자들은 훗날 재심을 청구하여 모두 무죄를 선고받았다.

---

162   『동아일보』, 1981년 1월 23일.

5월 17일 비상계엄 확대 조치는 당시의 일상생활과 달라질 것이 없는 조치였다. 이미 제주도를 제외한 지역에 1979년 10월 27일 계엄령이 선포되었기 때문이다. 하지만 권력적 측면으로 보면 이야기가 달라진다. 전국 비상계엄은 대통령과 계엄사령관에게 지휘체계가 있다. 반면 지역 계엄령은 대통령, 국방부 장관, 계엄사령관의 지휘체계이다. 일반적으로 국방부 장관이 조치하는 수준이 지역 계엄령이다. 당시 국방부 장관 주영복은 최규하 대통령이 선임했고, 그는 공군 참모총장 출신이었기에 신군부와 결이 달랐다. 그렇다고 주영복 국방부 장관이 신군부에 맞선 것은 아니다. 전국 비상계엄령 확대 조치로 인하여 국방부 장관이 계엄에 관여할 지휘체계가 사라졌다. 대통령을 제외하면 계엄사령관 겸 육군 참모총장 이희성 대장이 전권을 행사할 수 있게 된 것이다. 이희성 계엄사령관은 12·12쿠데타 이후 신군부에 의해 추대된 '바지사장'이나 다름없었기 때문에 정국은 사실상 신군부가 쥐고 있었다.

또한 신군부가 굳이 제주도까지 계엄령을 확대한 이유에는 여러 정치적 상황이 도사리고 있었다. 5월 17일 비상조치 확대는 신군부의 힘을 보여주고, 최규하 대통령을 압박하기 위한 수단이었다. 최규하 대통령은 1979년 10월 27일 대통령 권한대행이 되었고, 1979년 12월 6일 제10대 대통령에 당선되어, 12월 21일 정식 취임하였다. 그는 헌정사상 유일하게 직업공무원으로서, 정당에 가입하지 않고 과장, 국장, 차관, 장관, 총리를 거쳐 대통령에까지 이른 이력의 소유자다. 최규하 대통령의 임기는 전임자 잔여임기인 1984년 12월 26일까지였다. 이때까지 비상계엄을 계속 유지할 수 없었다. 이미 신민당은 5월

14일 비상계엄 해제 결의안을 국회에 제출한 상태였다. 국회에서 비상계엄이 해제되면 군부는 제자리로 돌아가야 했다. 이러한 상황에서 신군부는 최규하 대통령에게 압박과 무언의 압력을 행사하기 위해 5·17쿠데타를 감행한 것이다.

정치활동 금지 전대학 휴교령
비상계엄 전국에 확대, 18일 0시 기해 어제 심야 임시 각의 의결
(『경향신문』, 1980년 5월 18일 「호외」)

신군부는 5·17쿠데타를 면밀하게 준비하였다. 16일 주영복 장관 주재의 전군 주요 지휘관 회의는 '시위 진압에 군을 투입할 것인가'를 두고 찬반으로 나누어졌다. 신군부 하나회 출신 정호용 특전사령관은 "현재는 소수가 다수를 지배하는 시대이다. 만약 이것을 놔두면 점점 위험해진다"면서 강력한 조치로 비상계엄 확대를 주문하였다. 회의에 참여한 44명의 육·해·공 지휘관들은 백지 명부에 서명하였다. 비상계엄 확대는 대통령이 선포한다는 유신헌법 제54조를 무시하고 전군 주요 지휘관 회의에서 비상계엄 확대 조치를 논하고, 결정하였다. 5월 17일 밤에 있었던 신현확 국무총리 주재 임시국무회의는 신군부의 압력에 굴복했음을 의미한다.

계엄령이 선포되기 전인 17일 새벽 2시경에 무장한 제33사단 101 연대 병력이 국회의사당을 점령하고 봉쇄하면서 사실상 헌정을 중단시켰다. 또한 김대중을 비롯한 사회 혼란 및 학생 노조 배후 조종 혐의자를 전격 연행하였다. 김영삼은 오전 10시 가택 연금되었다. '서울의 봄' 혹은 '정치의 봄'이라 불리는 혼란은 203일 만에 다시 한 치 앞을 볼 수 없는 암흑 속으로 빠져들었다.

5·17비상계엄 확대 조치로 정치권력을 장악한 전두환은 국가보위비상대책위원회령(대통령령 제9897호)을 발령하여 국가보위비상대책위원회(일명, 국보위)를 설치하였다. 국보위는 5월 17일 비상계엄령 전국확대 조치 당시에 이미 계획된 기구로써, 사실상 국가 최고기관으로서 국정 전반을 통제·운영하였다. 민주공화국의 삼권분립 권력구조와는 전혀 어울리지 않는 기구를 설치한 것이다. 이는 박정희의 국가재건최고회의를 재현한 것이다. 최규하 대통령은 6월 5일 전두환을 국보위 상임위원장으로 임명하고 상임위원 30명을 임명하였다. 국보위 위원 가운데 임명직에 7인의 현역 군인이 임명되었고, 당연직인 사무처장과 13개 분과위원장 등 14명 중 12명의 현역 군인이 임명되었다. 전두환이 군권을 넘어 정치적 권력까지 완전하게 장악한 순간이다.

전두환은 8월 9일 미국 『뉴욕타임즈』와 인터뷰에서 "한국은 분명히 군의 영도력과 통제를 필요로 하고 있다"며 "새로운 세대의 지도자를 필요로 하고 있다"고 말하며[163] 최규하 대통령을 압박하였다. 1980년 8월 16일 최규하 대통령은 하야를 발표하였다. 그는 "새로운 사회 건설하는 역사적 전기를 마련하기 위하여 애국 충정과 대국적인 견지에서 대통령직을 물러난다"면서 합헌적인 절차에 따라 평화적으로 정권이 교체되기를 희망하며 8개월 10일 만에 사임하였다.

최규하 대통령 하야
(『조선일보』, 1980년 8월 16일 호외)

마치 기다렸다는 듯이 전국에서는 '전(全) 장군 추대 결의대회'가 열렸다. 그리고 『조선일보』는 8월 23일 「인간 전두환」, 8월 24일 「'파워 엘리트' 교체」 제목으로 전두환과 신군부를 집중 조명하였다

---

163 『조선일보』, 1980년 8월 12일.

최규하 대통령의 하야로부터 11일 만인 1980년 8월 27일, 전두환에 의한 전두환을 위한 시대가 열렸다. 전두환은 2,525명의 통일주체국민회의 대의원 중 2,524명의 찬성으로 대통령에 선출되었고, 1980년 10월 16일 제11대 대통령에 취임하였다.

1980년 10월 27일 <전문(前文)>과 10장 131조 및 부칙 10조로 구성된 헌법 개정안이 공포·시행되면서 제5공화국 헌법(헌법 제9호)이 완성되었다. 권력구조는 유신헌법과 마찬가지로 대통령제를 채택하였다. 임기 7년의 단임제이다. 대통령선거는 '대통령선거인단'을 구성하여 무기명투표로 선출하도록 규정하였다.

새 헌법에 따라 제12대 대통령 선거일을 2월 25일로 공고하였다. 전두환은 "10·26사태 이래 지속되어왔던 국가의 위기 상황이 국민 여러분의 합심 협력으로 슬기롭게 극복되어, 이제는 사회 전반의 안정 기조가 충분히 회복됐다"면서 새로운 제5공화국의 초석을 정립하는 대통령선거 등을 실시함에 있어 공명정대한 자유 분위기를 보장하기 위해 비상계엄을 해제한다고 밝혔다.[164]

1979년 10월 27일 0시를 기해 선포된 비상계엄이 1981년 1월 25일 0시를 기해 해제되었다. 이 과정을 정리하면, 1979년 10월 27일 0시를 기해 선포된 비상계엄은 제주도를 제외한 지역 계엄이었다. 지역 계엄을 전국 계엄으로 변경한 조치가 1980년 5월 17일 비상 계엄 확대이다. 이른바 '5·17쿠데타'라고 일컫는다. 1980년 10월 16일 제11대 대통령으로 취임한 전두환은 10월 17일 0시를 기해 제주도를

---

164 『조선일보』, 1981년 1월 25일.

제외한 비상계엄으로 다시 변경하였다. 즉 1980년 5월 비상계엄을 확대할 이유가 없었다는 것을 전두환 스스로가 자인한 것이다. 그리고 1981년 1월 25일 1년 3개월 456일 만에 계엄을 해제하였다.

전두환은 비상계엄 해제를 앞둔 1월 24일 중앙선거관리위원회에 제12대 대통령선거 후보 등록을 마쳤다. 새 헌법에 따라 1981년 2월 25일 제12대 대통령선거가 대통령선거인단(구 통일주체국민회의)을 통한 간접선거로 치러졌다. 전두환은 민주정의당 소속으로 출마하여, 90.11%의 득표율로 당선되었다. 제12대 대통령선거에는 4명의 후보가 출마하였다. 민권당의 김의택 후보, 국민당의 김종철 후보, 민주한국당의 유치송 후보, 민주정의당의 전두환 후보 등이 입후보하였다. 기존의 통일주체국민회의가 단독 후보를 '찬성과 반대' 형식으로 선출했던 것과는 차이가 있었다.

전두환은 1981년 2월 25일 대통령 당선과 함께 제12대 대통령의 임기를 시작하였다. 그리고 같은 해(1981년) 4월 17일 계엄법과 계엄사령부 직제에 관한 시행령을 전부 개정하였다. 현행 계엄법과 계엄사령부 직제에 관한 시행령은 이때 전부 개정된 내용을 근간으로 하여 약간의 자구 수정만 이루어졌다.

1981년 4월 계엄법 전부개정에서 두드러진 것은 '임시계엄'의 폐지이다. 그리고 계엄을 건의할 수 있는 사람으로 국방부장관과 내무부장관(현 행정안전부장관)으로 규정하였다(제2조 제6항). 계엄의 선포와 해제 그리고 계엄을 변경할 때에는 국무회의 심의를 거치도록 하였다(제2조 제5항, 제11조 제2항). 계엄을 선포할 때에는 이유, 종류, 시행일시, 시행지역, 계엄사령관을 공고하도록 하였다(제3조).

계엄사령부 직제에 관한 시행령은 제4조로 구성되었던 것이 제9조로 확대 개정되었다. 계엄사령부 직제에 관한 시행령의 개정에서 가장 두드러진 것이 제7조 '합동수사기구'와 제8조 '합동수사기구의 업무분장 등'이 새롭게 규정되었다. 즉 1979년 10월 26일 박정희 사망으로 설치된 합동수사본부는 법률과 법령에 규정되지 않은 불법적인 기구이다. 이를 방지하기 위해 전두환은 계엄사령부 직제에 '합동수사기구' 설치와 업무 분장을 추가로 규정하였다.

합동수사본부는 계엄지역이 2개 이상의 도(서울특별시와 직할시를 포함)에 걸치는 경우 설치할 수 있으며, 경비계엄일 경우 국방부장관이 임명하고 비상계엄일 경우에는 대통령이 임명하도록 하였다. 계엄지역이 1개 도에 국한되는 경우 합동수사단을 설치할 수 있으며, 합동수사단장은 계엄사령관이 임명하였다. 또한 계엄지역이 2개 이상의 도(서울특별시와 직할시를 포함)에 걸칠 때는 지구계엄사령부 또는 지역계엄사령부를 설치할 수 있으며, 지구계엄사령관·지역계엄사령관 등은 계엄사령관이 임명하도록 하였다.

전두환의 탄탄대로와 승승장구에는 1979년 10월 27일 비상계엄 선포가 있었고, 여기에 헌법과 법령에도 존재하지 않은 계엄사령부 합동수사본부장이란 직책이 있었다. 그리고 12·12쿠데타를 통해 군부 권력을 장악한 신군부는 5월 17일 비상계엄 확대 조치를 통해 마침내 정치권력을 탈취하였으며, 이는 곧 광주(5·18)민주항쟁으로 이어졌다.

1979년 전두환의 등장에 결정적인 역할을 한 합동수사본부는 법령에 근거하지 않고 설치되었다. 합동수사본부는 계엄사령부 직제에 없는 조직이다. 이는 2020년 김재규 중앙정보부장의 유족이 법원에 재심을 신청한 근거가 되기도 하였다. 2024년 4월 17일 재심청구 첫 심문기일에서 김재규 변호인단은 "재판을 받을 당시 김재규는 변호인 조력권을 침해받았고 피고인 방어권은 철저히 유린됐다"며 "법령에 근거하지 않고 설치된 합동수사본부에 의해 위법하게 수사가 진행됐다"고 주장하고 있다.[165]

전두환의 제11대, 제12대 대통령 취임식(출처 : 국가기록관 대통령관)

전두환은 제11대 제12대 대통령을 역임하였다. 그런데 전두환을 '대통령'이라고 부르는 사람은 그렇게 많지 않다. "실패하면 반역이고, 성공하면 혁명이 아닙니까?"라고 외쳤던 전두환은 분명 1980년 5월 17일 쿠데타에 성공하였다. 그러나 역사에서는 실패하였다. 민주공화국의 주인은 대통령이 아니다. 1980년 5월 당시에는 성공한 쿠데타였다고 자축하였으나, 역사의 준엄한 심판은 결국 사법부의 심판으로도 이어졌다.

전두환을 비롯한 신군부는 1995년 반란수괴죄 및 살인, 뇌물수수 등으로 구속기소 되었다. 1996년 12월 16일 서울고등법원에서 열린

---

165 『경향신문』, 2024년 4월 17일.

2심 판결에서 전두환을 무기징역에, 노태우를 징역 17년에, 황영시, 허화평, 이학봉을 각 징역 8년에, 이희성, 주영복, 정호용을 각 징역 7년에, 유학성, 허삼수를 각 징역 6년에, 최세창을 징역 5년에, 차규헌, 장세동, 박종규, 신윤희를 각 징역 3년 6월을 선고하였다. 신군부의 '군사반란'에 가담한 영관급 이상 장교 45명 가운데 15명만이 사법적으로 처벌을 받았다. 내란죄는 윗선의 지시를 받은 부화수행자나 단순 가담자도 5년 이하의 징역 또는 금고에 처한다는[166] 법률적 근거에 비하여 처벌은 약했다. 전두환은 1997년 4월 17일 대법원 전원합의체에서 "반란수괴, 불법진퇴, 지휘관 계엄지역 수소이탈, 살인, 살인미수, 초병살해, 내란 수괴, 내란목적살인, 특정범죄가중처벌 등에 관한 위반(뇌물)" 등으로 무기징역이 확정되면서 전직 대통령으로서의 예우가 박탈되었다.

전두환에 대한 사법적 심판에도 불구하고 정치는 오점을 남겼다. 1997년 15대 대통령으로 당선된 김대중은 국민통합 차원에서 전두환·노태우 전직 대통령의 사면에 동의하였고, 김영삼 대통령은 1997년 12월 21일 전두환과 노태우를 사면하였다. 대법원의 판결이 확정된

---

[166] 제87조(내란) 대한민국 영토의 전부 또는 일부에서 국가권력을 배제하거나 국헌을 문란하게 할 목적으로 폭동을 일으킨 자는 다음 각 호의 구분에 따라 처벌한다.
1. 우두머리는 사형, 무기징역 또는 무기금고에 처한다.
2. 모의에 참여하거나 지휘하거나 그 밖의 중요한 임무에 종사한 자는 사형, 무기 또는 5년 이상의 징역이나 금고에 처한다. 살상, 파괴 또는 약탈 행위를 실행한 자도 같다.
3. 부화수행(附和隨行)하거나 단순히 폭동에만 관여한 자는 5년 이하의 징역이나 금고에 처한다.

지 겨우 8개월 만에 전두환과 노태우는 풀려났다. 당시 야당의 정동영 대변인은 "전두환 노태우의 진심 어린 반성을 전제로 국민이 용서와 화합의 차원에서 전·노 사면을 이해해주리라 믿는다"고[167] 하였다. 그러나 전두환·노태우를 비롯한 신군부의 진심 어린 반성은 없었다.

신군부가 저지른 12·12쿠데타와 5·17쿠데타에 대한 사법적 심판은 절반의 성공, 절반의 실패였다. 정치적 이해타산 때문에 쿠데타의 역사를 청산할 기회를 상실하고 말았다. 신군부에 대한 실패한 처벌은 12·3비상계엄과 아주 밀접하게 맥을 같이 하고 있다. 즉 12·3비상계엄에는 계엄군으로 지칭된 군인들뿐만 아니라 국무위원을 비롯하여 경찰청장, 서울지방경찰청장, 대통령실 비서관, 경호처장, 소방청장 등이 내란 모의에 참여한 중요 임무에 종사자이거나 부화수행하는 단순가담자가 상당하다. 그뿐만 아니라 내란행위를 옹호·선동한 정치인과 저명인사도 상당하다. 1997년 대법원은 "위법한 명령에 따라 범죄행위를 한 경우에는 상관의 명령에 따랐다고 하더라도 범죄행위의 위법성 조각[168] 이 인정되지 않는다"고 판단하였다. 다시는 실패한 처벌의 전철을 밟지 않아야 한다.

국민은 헌정질서를 파괴한 전두환의 범죄행위를 기억하였다. 사법부의 처벌이 절반의 성공을 거둘 수 있었던 것은 국민의 기억 때문이었다. 즉 전두환·노태우가 사법적 사면은 받았지만, 역사적 사면은 받

---

167 『동아일보』, 1997년 12월 23일.
168 형식상 불법 또는 범죄 행위의 요건을 갖추었으나 위법 또는 범죄로 인정하지 않는 경우, 그 인정하지 않는 사유. 쉬운 말로 '정당한 사유', '정당화 요건'이라고 부를 수 있다.

지 못한 것이다. 전두환은 2021년 11월 23일 사망하였다. 그의 시신은 묻힐 곳을 찾지 못하고 연희동 자택에 안치되어 있다. 전두환에 대한 역사의 단죄는 계속되고 있다. 12·3비상계엄도 역사적으로 기억되고 단죄되어야 한다. 현재 헌법재판소에서는 대통령 윤석열의 탄핵 심판이 진행 중이고, 법원에서도 '내란 우두머리'로 기소된 윤석열의 재판을 앞두고 있다. 당연히 심판과 재판에서 그에 상응한 처벌이 이루어져야 한다. 그러나 더 중요한 것은 기억이다. 역사의 기록이다. 다시는 이 땅에 비상계엄을 가장한 쿠데타가 발생하지 않도록 12·3비상계엄을 가장 엄중하게 역사로 기억하고 기록하는 것이다.

5장

윤석열의
12·3 비상계엄

1
12·3비상계엄 선포

2024년 12월 3일 저녁 10시 28분, 텔레비전 화면 하단에 '윤석열 대통령 비상계엄 선포'란 자막이 떴다. 그리고 텔레비전에 윤석열 대통령이 나와 의자에 앉았다. 윤석열은 노란 서류봉투에서 문서를 꺼내 읽기 시작하였다.

존경하는 국민 여러분.

저는 대통령으로서 피를 토하는 심정으로 국민 여러분께 호소드립니다. 지금까지 국회는 우리 정부 출범 이후 22건의 정부 관료 탄핵 소추를 발의했으며, 지난 6월 22대 국회 출범 이후에도 10명째 탄핵을 추진 중에 있습니다.

이것은 세계 어느 나라에도 유례없을 뿐 아니라 우리나라 건국 이후에 전혀 유례없던 상황입니다. 판사를 겁박하고 다수의 검사를 탄핵하는 등 사법 업무를 마비시키고 행안부 장관 탄핵, 방통위원장 탄핵, 감사원장 탄핵, 국방장관 탄핵 시도 등으로 행정부마저 마비시키고 있습니다. 국가 예산 처리도 국가 본질 기능과 마약 범죄 단속, 민생 치안유지를 위한 모든 주요 예산을 전액 삭감해 국가 본질 기능을 훼손하고 대한민국을 마약 천국, 민생 치안 공황 상태로 만들었습니다.

민주당은 내년도 예산에서 재해 대책 예비비 1조 원, 아이 돌봄 지원 수당 384억 원, 청년 일자리, 심해 가스전 개발 사업 등 4조 1000억 원을 삭감했습니다. 심지어 군 초급간부 봉급과 수당 인상, 당직 근무비 인상 등 군 간부 처우 개선비조차 제동을 걸었습니다. 이러한 예산 폭거는 한마디로 대한민국 국가 재정을 농락하는 것입니다. 예산까지도 오로지 정쟁의 수단으로 이용하는 이런 민주당의 입법 독재는 예산 탄핵까지도 서슴지 않았습니다.

국정은 마비되고 국민의 한숨은 늘어나고 있습니다. 이는 자유 대한민국의 헌정질서를 짓밟고 헌법과 법에 의해 세워진 정당한 국가기관을 교란시키는 것으로서 내란을 획책하는 명백한 반국가 행위입니다. 국민의 삶은 안중에도 없고 오로지 탄핵과 특검, 야당 대표의 방탄으로 국정이 마비 상태에 있습니다.

지금 우리 국회는 범죄자 집단의 소굴이 됐고, 입법 독재를 통해 국가의 사법·행정 시스템을 마비시키고 자유 민주주의 체제의 전복을 기도하고 있습니다. 자유 민주주의의 기반이 돼야 할 국회가 자유민주주의 체제를 붕괴시키는 괴물이 된 것입니다. 지금 대한민국은 당장 무너져도 이상하지 않을 정도의 풍전등화의 운명에 처해 있습니다.

친애하는 국민 여러분.

저는 북한 공산세력의 위협으로부터 자유 대한민국을 수호하고 우리 국민의 자유와 행복 약탈하고 있는 파렴치한 종북 반국가세력들을 일거에 척결하고 자유 헌정질서를 지키기 위해 비상계엄을 선포합니다. 저는 이 비상계엄을 통해 망국의 나락으로 떨어지는 자유 대한민국을 재건하고 지켜

낼 것입니다.

이를 위해 저는 지금까지 패악질을 일삼은 망국의 원흉, 반국가세력을 반드시 척결하겠습니다. 이는 체제 전복을 노리는 반국가세력의 준동으로부터 국민의 자유와 안전, 그리고 국가 지속가능성을 보장하며, 미래세대에게 제대로 된 나라를 물려주기 위한 불가피한 조치입니다.

저는 가능한 한 빠른 시간 내에 반국가세력을 척결하고 국가를 정상화시키겠습니다. 계엄 선포로 인해 자유 대한민국 헌법 가치를 믿고 따라주신 선량한 국민께 다수 불편 있겠습니다만 이러한 불편을 최소화하는 데 주력할 것입니다. 이와 같은 조치는 자유 대한민국의 영속성을 위해 부득이한 것이며 대한민국이 국제사회에서 책임과 기여를 다한다는 대외 정책 기조에는 아무런 변함이 없습니다.

대통령으로서 국민 여러분께 간곡히 호소드립니다. 저는 오로지 국민 여러분만 믿고 신명을 바쳐 자유 대한민국을 지켜 낼 것입니다. 저를 믿어주십시오.

감사합니다.

2024년 12월 3일

'비상계엄 선포', 눈과 귀를 의심하는 청천벽력 같은 현실을 목격하였다. 텔레비전 자막에서 '비상계엄 선포'란 문구를 보는 순간 휴전선 또는 연평도나 백령도 어딘가에서의 북한 도발을 의심하였다. 그런데 윤석열의 담화는 너무나도 엉뚱하였다. 2024년 12월 대한민국은 전시 상태가 아니었다. 공공질서를 무너뜨릴 만한 시위도 혼란도 없는 평온 그 자체였다. 경제가 다소 어렵고 정치세력 간의 갈등과 대립이 지속되었지만, 계엄을 선포할 만큼 사회공공질서가 위협받지 않은 평온한 상태였다.

윤석열의 긴급담화문에 담긴 비상계엄 선포의 이유가 더욱 당혹스러웠다. 윤석열이 밝힌 비상계엄 선포 이유는 ① 북한 공산세력의 위협으로부터 자유 대한민국을 수호하고, ② 우리 국민의 자유와 행복을 약탈하고 있는 파렴치한 종북 반국가세력들을 일거에 척결하기 위함이었다. 이를 통해 자유 헌정질서를 지키기 위해 비상계엄을 선포한다고 하였다.

첫 번째 비상계엄 선포의 이유는 북한 공산 세력의 위협이었다. 대한민국은 1953년 7월 27일 정전협정이 체결되면서부터 북한의 위협은 시작되었고 여전히 유지되고 있다. 윤석열이 제20대 대통령으로 취임한 2022년 5월 10일부터 지금까지도 휴전선을 경계로 남북한은 대치하고 있으며, 그 대치는 '항상' 위협 그 자체이다. 그가 취임했던 2022년 5월 10일과 2024년 12월 3일을 비교하면 북한의 어떤 위협이 증가했는지 국민은 알지 못한다. 윤석열의 비상계엄 선포에 따라 국방부는 전국 주요 지휘관 회의를 열고 전군에 비상경계 2급에 해당하는 진돗개 둘을 발령하였다.[169]

---

169 전군의 비상경계 태세는 1급부터 4급까지(즉 하나부터 넷까지)가 있다. 숫자가 낮을수록 더 높은 단계의 경계태세를 의미하며, 전면전 발발 가능성이 높아진다. ① 진돗개 하나는 적의 도발이 명백하고 전면전 발발이 임박한 매우 심각한 상황이다. 전군에 최고 수준의 경계 태세가 유지된다. ② 진돗개 둘은 국가 안보에 중대한 위협이 발생하거나 발생할 가능성이 높은 상황이다. 지휘관의 정위치와 전군 경계가 강화된다. ③ 진돗개 셋은 적의 도발 가능성이 높아진 상황, 평시보다 경계 강화가 필요한 상황이다. 경계 근무 강화 및 순찰 활동이 강화된다. ④ 진돗개 넷은 일상적인 경계태세 유지이다. 정상적인 부대

2010년 11월 23일 오후 2시 30분경 북한은 아무런 선전포고 없이 옹진군 연평도를 향해 포격하였다. 일명 연평도 포격전이다. 북한의 포격에 해병대원 2명과 민간인 2명이 사망했으며, 군인과 민간인 19명이 부상을 당했고 물적 피해도 만만치 않았다. 이때 대한민국 국군은 전군에 진돗개 하나를 발령하여 대응 사격에 나섰다. 연평도 포격전은 1953년 7월 정전협정 이후 북한이 최초로 대한민국의 영토를 타격하여 민간인이 사망한 엄청난 위협적인 사건이었다. 그런데도 당시 이명박 대통령은 비상계엄을 선포하지 않았다. 전국 계엄이 아닌 지역 계엄도 내리지 않았다.

연평도 포격과 지금(2024년 12월)을 비교하면 어느 시점이 북한으로부터 위협을 받고 있는지 생각해 볼 문제이다. 분단 이후 정국이 혼란스럽거나 정치적 위기에 직면할 때마다 등장한 단골 메뉴가 '안보'와 '북한 공산세력의 위협'이다. 12·3비상계엄 선포는 물론이고 이전의 계엄령에도 단연코 '북한의 위협'은 단골 메뉴가 되었다. 윤석열도 계엄 선포의 이유로 '북한 공산세력의 위협'을 언급했지만, 이를 믿는 국민은 없었다.

두 번째 계엄 선포 이유가 종북 반국가세력의 척결이다. '종북從北'이란 "북한의 집권 정당인 조선노동당과 그 지도자의 정책, 이념 따위를 추종하는 일"이라고 설명하고 있다. 대한민국에 종북세력은 존재할

활동 및 훈련을 실시한다. 북한과 대치하고 있기에 평상적으로 진돗개 넷이 발령되었다고 보면 된다.

까. 만약 존재한다고 하여도 그 인원은 극소수에 불과하며, 그들의 영향력은 전혀 없다고 해도 과언이 아니다. 북한의 위협이나 종북세력은 비상계엄 선포 시에 단골 메뉴로 항상 등장하였다.

윤석열이 지칭한 '종북 반국가세력'에는 다른 의미가 숨겨져 있다. 앞에 '종북'이라고 붙이고 있지만, 핵심은 '반국가세력'이다. 윤석열은 취임 이후 '반국가세력'을 계속 거론하였다. 윤석열이 말한 '반국가세력'은 누구인가? 대한민국 헌법 제1조에는 "대한민국은 민주공화국이다", "대한민국의 주권은 국민에게 있고, 모든 권력은 국민으로부터 나온다"고 명문화되어 있다. 대한민국의 국체는 민주공화국이며 국민주권주의가 헌법 작동의 원리이다. 그렇다면 민주공화국에 반하는 행동과 행위를 하는 세력, 국민주권주의의 헌법적 가치를 훼손하는 세력을 반국가세력이라고 규정하는 것이 타당하다. 그러나 윤석열이 지칭하는 '반국가세력'은 자기와 생각이 다른 사람, 자기를 비판하는 사람, 자기와 다른 정치 조직 및 정당에 속한 사람이다. 이는 대통령이 국가라는 봉건적 틀에 갇힌 사고라고 볼 수 있다.

윤석열은 비상계엄을 통해 "망국의 나락으로 떨어지는 자유 대한민국을 재건"한다고 하였다. 자유 대한민국은 민주주의 체제가 정착된 법치국가이다. 법치의 핵심은 헌법과 법률이다. 이제 12·3비상계엄 선포를 헌법과 법률적으로 무엇이 문제였는지 살펴보자.

12·3비상계엄 선포는 기존의 비상계엄과 다른 독특한 특징을 갖는다. 12·3비상계엄 선포로 촉발된 상황을 이른바 '12·3내란사태'라고 일컫는다. 비상계엄은 '전쟁 또는 전시 그리고 이에 준하는 비상사태

가 발생'하면 선포하는 것이 기존의 양상이다. 즉 전쟁, 전시, 시위 등 국가의 위기 상황에 대처하기 위한 필요 수단으로 이를 진정시키고자 비상계엄이 선포된다. 그런데 '12·3내란사태'는 비상계엄 선포로 인하여 비상사태가 발생하는 어처구니없는 상황이 발생하였다. 1952년 5월 부산정치파동의 비상계엄, 1972년 10월 유신 선포로 인한 비상계엄, 1980년 5월 비상계엄 확대 조치 등 2024년 12월 이전에 이러한 전례가 있기는 하였다. 그렇다고 하여도 1987년 6월민주항쟁을 거치면서 대한민국의 민주주의는 확고하게 자리를 잡았고, 세계 문명국가에서도 20세기 말부터 21세기까지 계엄을 선포한 나라가 없다고 해도 과언이 아니다. 그러한 점에서 윤석열의 12·3비상계엄 선포는 도무지 정상적인 정신상태로는 이해할 수 없다는 것이 중론이다. 정상적이지 않은 윤석열의 정신상태를 지배하고 있는 것은 무엇일까?

2
역사적으로 본 위헌과 위법의 실태

1) 국무회의 심의 절차

제6공화국 헌법 제89조에 따르면 계엄 선포와 계엄 해제는 국무회의의 심의를 거쳐야 한다. 12월 3일 비상계엄 선포를 앞두고 저녁 10시 17분부터 22분까지 약 5분 동안 대통령실 대접견실에서 국무회의가 열렸다. 국민의 기본권이 침해되고, 헌정질서가 심각한 위협을 받는 '계엄 선포'에 관한 논의가 겨우 5분 동안 이루어졌다는 것은 믿을 수 없는 현실이 되었다.

회의 안건은 '비상계엄 선포안'이고 제안 이유는 "헌정질서를 유지하기 위하여 2024년 12월 3일 22시부로 비상계엄을 선포하려는 것"이다. 참석자는 윤석열 대통령과 한덕수 국무총리, 최상목 부총리 겸 기획재정부장관, 조태열 외교부장관, 김영호 통일부장관, 박성재 법무부장관, 김용현 국방부장관, 이상민 행정안전부 장관, 송미령 농림축산식품부장관, 조규홍 보건복지부장관, 오영주 중소벤처기업부장관 등 11명과 조태용 국정원장이 배석하였다. 국무회의 규정에 따르면 국정원장은 국무위원은 아니지만, 의장인 대통령이 필요하다면 배석하게 할 수 있다.

한덕수 국무총리는 12월 11일 국회 본회의에 출석하여 "계엄 선포 전 국무회의는 많은 절차적·실체적 흠결을 갖고 있었다"면서 "계엄 선포 문서에 부서(副署·대통령 서명에 뒤따라 하는 서명)한 적도 없다"고 밝혔다. 계엄이 합법적으로 선포되는 데 필요한 최소한의 형식 요건도 갖추지 못했다는 것이다. 조태열 외무부장관은 12월 24일 국회 법제사법위원회 전체회의에서 "계엄 선포 직전 국무회의 자체가 없었다"고 말하였다. 이날 국무회의에서는 회의록이나 발언 요지 기록 문서도 존재하지 않았다.

'국무회의 규정' 제10조와 제11조는 "행정안전부 의정관은 국무회의 간사를 맡고, 국무회의 회의록을 작성한다"고 규정되어 있다. 행정안전부의 김한수 의정관은 "당시 국무회의에 참석하지 않았다"면서 "의정관이 (국무회의에) 참여하지 않은 사례가 없다"고 밝혔다. 의정관이 작성한 국무회의 회의록은 통상적으로 회의 개최 뒤 일주일에서 열흘 이내에 행정안전부 누리집에 공개하게 되어 있다.

12·3비상계엄 사태를 통해 국무회의 무용론이 제기된다. 즉 대통령제 통치구조에서 국무회의는 대통령의 의중에 따라 형식적으로 심의하는 기구에 불과하다는 것이다. 대통령제를 채택한 미국은 국무회의가 없고, 행정권은 대통령 1인에 속한 권한이다. 반면 의원내각제에서는 행정권이 내각이라는 집단으로 이루어진다.

대한민국은 제헌헌법부터 삼권을 분립하였다. 삼권 중에서 행정권에 해당하는 부분을 '정부'라고 하였고, 정부는 대통령과 행정부로 구성하였다. 행정부 아래에는 국무원(현 국무회의)을 두었다. 이는 제헌헌법 초안에서 통치구조를 의원내각제로 채택하였으나 이승만의 완강한 거부로 대통령제로 전환하였고, 국무총리제를 신설하였기 때문이다.

통치구조에 따른 삼권분립 형태

미국 헌법 대통령제	일본 헌법 의원내각제	프랑스 헌법 이원집정부제	대한민국 헌법 대통령제
제1조 입법부 제2조 대통령 제3조 사법부	제4장 국회 제5장 내각 제6장 사법	제2장 대통령 제3장 정부 제4장 의회 제8장 사법권	제3장 국회 제4장 정부 　제1절 대통령 　제2절 행정부 　　제1관 국무총리와 　　　　국무위원 　　제2관 국무회의 　　제3관 행정각부 　　제4관 감사원 제5장 법원

현행 대한민국 헌법은 행정권을 '정부'라고 하여 대통령과 행정부로 구성하였다. 대통령은 국가의 원수이며, 외국에 대하여 국가를 대표한다(제66조 제1항). 행정권은 대통령을 수반으로 하는 정부에 속한다(제66조 제4항)고 규정하였다. 우리 헌법은 행정권을 대통령 1인에게만 주어진 권한이 아니라 '정부'란 집단으로 분류하였다. 행정부에는 국무총리와 국무위원, 국무회의, 행정각부를 두었다. 이러한 대통령의 권한에 속한 중요한 국책을 심의하기 위해 국무회의를 두었다. 미국식 대통령제도 아니고 의원내각제도 아닌 대한민국만의 독특한 대통령제가

시행되고 있다.

여기서 눈여겨볼 점은 국무원(현 국무회의)이 제1공화국과 제2공화국에서는 의결기구라는 것이다. 현행 헌법에서 국무회의는 심의기구이다. 심의란 조사, 논의이다. 만약 심의에서 결론이 나지 않으면 어떻게 할 것인가? 12.3 비상계엄 선포 당시 국무회의는 대통령 한 사람의 일방적인 요구와 주장으로 선포에 이르렀다. 심의의 의미가 행정권 수반인 대통령에 의해 제멋대로 결정되었다. 이러한 근원에는 1961년 5·16군사쿠데타 이후 제정된 제3공화국 헌법이 기초하고 있다.

1948년 제정된 제헌헌법 제72조에서 국무회의는 심의기구가 아니라 의결기구라고 규정하였다. 그리고 국무회의는 국무위원 과반수 찬성으로 의안이 의결되었다. 의결기구인 국무회의가 심의기구로 전락한 중심에는 박정희가 있다. 이는 국무위원이 대통령의 뜻에 따르지 않는 행위를 미리 방지하려는 조치였다. 박정희는 무소불위의 권력을 행사하는 데 방해 요소를 차단하기 위해 국무회의를 심의 규정으로 전환했다. 제3공화국 이후 국무회의의 심의는 대통령의 요식행위로 자리했으며, 그 사례는 박정희 정권 내내 그러했고, 이번 12·3비상계엄 선포에서도 여실히 드러났다.

제헌헌법의 국무원	현행 헌법의 국무회의
제71조 국무회의의 의결은 과반수로써 행한다. 의장은 의결에 있어서 표결권을 가지며 가부동수인 경우에는 결정권을 가진다.	제88조 ①국무회의는 정부의 권한에 속하는 중요한 정책을 심의한다. ②국무회의는 대통령·국무총리와 15인이상 30인이하의 국무위원으

제72조 좌의 사항은 국무회의의 의결을 경하여야한다.

1. 국정의 기본적 계획과 정책
2. 조약안, 선전, 강화 기타 중요한 대외정책에 관한 사항
3. 헌법개정안, 법률안, 대통령령안
4. 예산안, 결산안, 재정상의 긴급처분안, 예비비지출에 관한 사항
5. 임시국회의 집회요구에 관한 사항
6. **계엄안, 해엄안**
7. 군사에 관한 중요사항
8. 영예수여, 사면, 감형, 복권에 관한 사항
9. 행정각부간의 연락사항과 권한의 획정
10. 정부에 제출 또는 회부된 청원의 심사
11. 대법관, 검찰총장, 심계원장, 국립대학총장, 대사, 공사, 국군총사령관, 국군참모총장, 기타 법률에 의하여 지정된 공무원과 중요국영기업의 관리자의 임면에 관한 사항
12. 행정각부의 중요한 정책의 수립과 운영에 관한 사항
13. 기타 국무총리 또는 국무위원이 제출하는 사항

로 구성한다.
③대통령은 국무회의의 의장이 되고, 국무총리는 부의장이 된다.

제89조 다음 사항은 국무회의의 심의를 거쳐야 한다.

1. 국정의 기본계획과 정부의 일반정책
2. 선전·강화 기타 중요한 대외정책
3. 헌법개정안·국민투표안·조약안·법률안 및 대통령령안
4. 예산안·결산·국유재산처분의 기본계획·국가의 부담이 될 계약 기타 재정에 관한 중요사항
5. **대통령의 긴급명령·긴급재정경제처분 및 명령 또는 계엄과 그 해제**
6. 군사에 관한 중요사항
7. 국회의 임시회 집회의 요구
8. 영전수여
9. 사면·감형과 복권
10. 행정각부간의 권한의 획정
11. 정부안의 권한의 위임 또는 배정에 관한 기본계획
12. 국정처리상황의 평가·분석
13. 행정각부의 중요한 정책의 수립과 조정
14. 정당해산의 제소
15. 정부에 제출 또는 회부된 정부의 정책에 관계되는 청원의 심사
16. 검찰총장·합동참모의장·각군

	참모총장·국립대학교총장·대사 기타 법률이 정한 공무원과 국영기업체관리자의 임명 17. 기타 대통령·국무총리 또는 국무위원이 제출한 사항

제헌헌법 제66조에는 "대통령의 국무에 관한 행위는 문서로 하여야 하며 모든 문서에는 국무총리와 관계 국무위원의 부서가 있어야 한다. 군사에 관한 것도 또한 같다"고 규정되어 있고, 현행 헌법 제82조는 "대통령의 국법상 행위는 문서로써 하며, 이 문서에는 국무총리와 관계 국무위원이 부서한다. 군사에 관한 것도 또한 같다"고 규정하였다.

비상계엄은 국법상 행위로서 국민의 기본권을 침해할 수 있는 아주 중대한 행위이며 권한이다. 윤석열은 비상계엄을 선포하면서 헌법에 정한 절차를 무시하였고, 국무총리와 관계 공무원이 부서(서명)한 문서도 존재하지 않는다. 이러한 반헌법적인 행위의 바탕에는 친위쿠데타가 성공할 것이라는 자신감에서 비롯되었을 것으로 보인다. 성공한 쿠데타는 모든 권력기관을 장악하여 쿠데타 이전의 헌법과 법률 등을 무시하고 재설정할 수 있다는 기존 친위쿠데타의 사례를 염두에 뒀다. 역사적 맥락에서 보면, 12월 3일 선포한 비상계엄은 반헌법적인 비상계엄이며 친위쿠데타의 일종이라고 규정하는 것이 타당할 것이다.

2) 국회, 계엄군 난입의 목적

윤석열의 비상계엄 선포가 있고, 얼마 지나지 않아 계엄사령관에 박안수 육군 참모총장이 임명되고 밤 11시 27분 포고령 제1호가 발표되었다. 계엄사령관 육군 대장 박안수 명의의 포고령은 섬뜩하였다. 두려움이 공포로 변하는 순간이었다. 1948년 10월부터 11차례 계엄령이 선포되었지만, '국회와 지방의회, 정당의 활동'을 금지한 경우는 1972년 10월 17일 8차 계엄령 이후 두 번째이다. 8차 계엄령은 10월 유신 선포이다.

자유대한민국 내부에 암약하고 있는 반국가세력의 대한민국 체제전복 위협으로부터 자유민주주의를 수호하고, 국민의 안전을 지키기 위해 2024년 12월 3일 23:00부로 대한민국 전역에 다음 사항을 포고합니다.

1. 국회와 지방의회, 정당의 활동과 정치적 결사, 집회, 시위 등 일체의 정치 활동을 금한다.
2. 자유민주주의 체제를 부정하거나, 전복을 기도하는 일체의 행위를 금하고, 가짜뉴스, 여론조작, 허위선동을 금한다.
3. 모든 언론과 출판은 계엄사의 통제를 받는다.
4. 사회혼란을 조장하는 파업, 태업, 집회행위를 금한다.
5. 전공의를 비롯하여 파업 중이거나 의료현장을 이탈한 모든 의료인은 48시간 내 본업에 복귀하여 충실히 근무하고 위반시는 계엄법에 의해 처단한다.
6. 반국가세력 등 체제전복세력을 제외한 선량한 일반 국민들은 일상생활에 불편을 최소화할 수 있도록 조치한다.

이상의 포고령 위반자에 대해서는 대한민국 계엄법 제9조(계엄사령관 특별조치권)에 의하여 영장없이 체포, 구금, 압수수색을 할 수 있으며, 계엄법 제14조(벌칙)에 의하여 처단한다.

2024.12.3.(화) 계엄사령관 육군대장 박안수

박안수 계엄사령관 명의의 포고령 제1호는 계엄의 관장 업무와 전혀 무관한 국회와 지방의회 등의 정당과 정치활동을 금지하였다. 그리고 윤석열 정부 들어서 추진했던 의료 개혁에 반발하며 집단행동에 나선 전공의에 대해 48시간 내 본업에 복귀하도록 하였으며, 위반할 시에는 '처단한다'고 하였다. 아울러 포고령 위반자도 계엄법 제14조에 따라 '처단한다'고 발표하였다. 계엄법 제14조는 벌칙이다. 즉 계엄사령관의 지시나 조치를 따르지 않은 자를 처벌하는 조항이다. 이 조항 어디에도 '처단한다'는 단어는 없다. 이러한 발상은 어디에 근간을 두고 있는 것일까?

포고령 제1호의 핵심은 국회와 지방의회 등 정당과 정치활동의 금지이다. 이는 윤석열이 목표를 달성하는데 필요한 조치라고 여겼던 것으로 보인다. 포고령 1호의 1항을 실현하기 위해 계엄군이 4일 새벽 0시 7분에 국회 경내로 난입하였다. 계엄군은 국회 본관 출입문을 봉쇄하고 본청 정문 진입을 시도하였고, 국회 밖에서는 시민이 계엄군을 막았다. 국회 본관에서는 국회의원 보좌관들과 국회사무처 직원들이 필사적으로 국회 본관 진입을 막았다.

비상계엄은 '전시·사변 또는 이에 준하는 국가 비상사태에 있어서'

선포된다고 규정한 것은 무제한적이며 무소불위의 권한을 행사하는 것을 방지하기 위함이다. 그리하여 헌법과 법률에는 계엄으로 인한 특별한 조치를 규범화하였다.

12월 3일 계엄군이 국회의사당으로 진입을 시도하자
국회 직원들이 이를 저지하는 모습(출처 : 국회방송 갈무리)

헌법	제77조 ③비상계엄이 선포된 때에는 법률이 정하는 바에 의하여 영장제도, 언론·출판·집회·결사의 자유, 정부나 법원의 권한에 관하여 특별한 조치를 할 수 있다.
계엄법	제7조(계엄사령관의 관장사항) ①비상계엄의 선포와 동시에 계엄사령관은 계엄지역의 모든 행정사무와 사법사무를 관장한다. ②경비계엄의 선포와 동시에 계엄사령관은 계엄지역의 군사에 관한 행정사무와 사법사무를 관장한다.

헌법에서 비상계엄이 선포된 때에는 '정부나 법원의 권한'에 관하

여 특별한 조치를 취할 수 있다고 규정하였다. 헌법에서 정부에 속하는 기구는 대통령, 행정부(국무총리와 국무위원, 국무회의, 행정각부, 감사원)이다. 삼권분립 중 행정부와 사법부에만 특별 조치를 할 수 있도록 하였다. 또한 계엄법에는 계엄사령관의 관장 사항으로 '행정사무와 사법사무'라고 명시하였다.

포고 제1호 1항에서 적시한 '국회와 지방의회', 특히 국회는 입법권을 행사하는 헌법기관으로서 헌법이나 법률 어디에도 활동을 금지할 수 있는 규정이 없다. 헌법과 법률을 위반한 포고령에는 국회의 정치활동 금지를 적시하였고, 이를 시행하기 위해 계엄군이 국회에 난입하였다. 계엄군의 국회 난입부터가 계엄사령관의 관장 사무가 아니기에 헌법과 법률을 위반했다고 할 수 있다.

여기서 1997년 4월 17일 '12·12 군사반란 및 5·18 내란 사건'에 대한 대법원 전원합의체의 판결을 주목할 필요가 있다. 대법원 전원합의체는 내란 성립 요건을 '①국헌문란 목적, ②폭동' 두 가지로 제시하면서, 전두환 등 신군부가 5·17비상계엄 확대 조치를 위해 국회를 점거하고 봉쇄한 것이 국헌문란에 해당한다고 했다. 헌법에 따라 설치된 국가기관을 강압으로 권능 행사를 일시적으로 봉쇄 통제하는 것도 내란죄의 국헌문란 목적에 해당한다고 판결하였다.

이러한 판례를 근거로 국회는 계엄군의 국회 난입에 대해 '내란죄'를 적용하여 윤석열의 탄핵소추안을 발의하였고, 의결하였다. 12·3비상계엄에서 '내란죄' 적용 여부는 이번 사태의 핵심이다. '내란죄' 적용에 대해 여당인 국민의힘에서 반발하고 있지만, 대다수 국민은 내란죄로 인식하고 있다. 내란죄는 형법 제87조에 규정되어 있다. "대한민국 영토의 전부 또는 일부에서 국가권력을 배제하거나 국헌을 문란하게 할 목적으로 폭동을 일으킨 자는 다음 각호의 구분에 따라 처벌한다."[170]

어려운 법률 용어는 해석도 쉽지 않다. 내란죄는 '① 대한민국 영토의 전부 또는 일부에서 국가권력을 배제하거나', '② 국헌을 문란하게 할 목적으로 폭동을 일으킨' 행위에 적용된다. 둘 중의 하나만 해당하여도 적용된 범죄로서 그 처벌은 사형에 이르기까지 한다. 앞서 대법원 전원합의체는 내란 성립 요건을 국헌문란 목적과 폭동이라고 판시한 판례가 있다.

① 국가권력이 무엇이냐는 것이 선결되어야 할 문제이다. '국가권력'이란 국가가 통치를 위해 행사하는 권력이다. 삼권분립의 국가에서 국가통치 행위를 행정부, 사법부, 입법부 중 어느 하나라도 배제한 경우로 볼 것인지, 아니면 국가의 통치를 행정부만으로 좁게 볼 것인지에 따라 달라질 것이다.

② '국헌 문란'이란 헌법의 기본질서를 침해하는 행위이다. 형법 제91조 국헌문란의 정의에는 "1. 헌법 또는 법률에 정한 절차에 의하지 아니하고 헌법 또는 법률의 기능을 소멸시키는 것", "2. 헌법에 의하여 설치된 국가기관을 강압에 의하여 전복 또는 그 권능행사를 불가능

---

170 1. 우두머리는 사형, 무기징역 또는 무기금고에 처한다.
  2. 모의에 참여하거나 지휘하거나 그 밖의 중요한 임무에 종사한 자는 사형, 무기 또는 5년 이상의 징역이나 금고에 처한다. 살상, 파괴 또는 약탈 행위를 실행한 자도 같다.
  3. 부화수행(附和隨行)하거나 단순히 폭동에만 관여한 자는 5년 이하의 징역이나 금고에 처한다.

하게 하는 것"이라고 규정하고 있다. 이번 비상계엄으로 헌법 또는 법률의 기능이 소멸한 것은 아니다. 그러나 헌법에 따라 설치된 국가기관인 국회의 권능행사를 방해할 목적으로 계엄군을 투입했다는 게 일반적 해석으로 내란죄가 성립된다고 보고 있다. 1997년 4월 대법원 전원합의체 판례에서 이를 명확하게 확인할 수 있다.

형법 제87조와 제91조 제1항의 '국헌문란'은 12·3 비상사태에서 윤석열을 내란죄로 적용할 수 있느냐를 판가름하는 중요한 법 조항이다. '국헌 문란'이 형법에 규범화된 것은 이승만의 친위쿠데타와 관련이 있다. 현행 형법은 1953년 9월 18일 제정되어 10월 3일 시행되었다. 형법은 372개 조문으로 구성되었다. 이 가운데 '국헌문란'처럼 특정 단어에 다시 정의하여 조문에 삽입한 경우는 내란죄가 유일하다. 형법 제정과 관련한 국회 속기록 일부를 옮겨보면,

○법제사법위원장대리 엄상섭 그다음 제93조, 다음에 법제사법위원회의 신설 조문이 있습니다. 제93조 다음에 좌의 조문을 신설한다.
「본 장에서 국헌을 문란할 목적이라 함은 다음 각 호의 1에 해당하는 목적을 말한다.
 1. 헌법 또는 법률이 정하는 절차에 의하지 아니하고 헌법 또는 법률의 기능을 소멸시키는 것.
 2. 헌법에 의하여 설치된 국가기관을 탄압에 의하여 전복 또는 그 기능 집행을 불가능하게 하는 것」

이 조문에 있어서 국헌을 문란시키는 것을 목적으로 한다, 이렇게 하고 보면 이것이 보통 어느 나라 형법에서도 이렇게 되어 있습니다. 그 목적이 과연 무엇인가 해 가지고 국헌을 국토를 문란하게 하는 것이라는 목적은 막연한 것이

아니냐? 그래서 이 조문이 신설된 것입니다. 그러니 목적을 명시해 두자 이러는 것입니다.

○이범승 의원 이 신설 안에 대해서 의견이 있음으로 간단히 말씀 여쭈려고 합니다.
여기에 법제사법위원회에서 신설한 조항은 현재 우리나라에서 필요하다고 인정되는 바입니다. 그래서 제90조에 "국토를 참절하거나 국헌을 문란할 목적으로"라는 데 대해서 충분한 표현이 되어 있지 않음으로서 이러한 조항은 해석하기가 대단히 곤란하신 점이 있습니다. 그러므로서 이런 조항을 두는 것이 필요하다고 인정해서 잠깐 말씀 여쭈는 것입니다.[171]

내란죄에서 '국헌문란'이 무엇인지에 대한 논란이 있었고, 법제사법위원회에서 '국헌문란'이 무엇인지를 명시하여 조항을 신설하였다. 한 차례에 부결되었으나, 이범승 의원의 설명을 듣고 재표결하여 재석의원 95인, 찬성 64인, 반대 1인으로 가결되었다. 이처럼 내란죄가 규정한 '국헌문란'을 형법 조문으로 별도 규정한 배경에는 1952년 부산정치파동이라고 일컫는 비상계엄을 통한 발췌개헌이 크게 작용하였다.
　이승만은 1952년 5월 25일 비상계엄을 선포하고 군을 동원하여 국회의원을 감금하고 국회의사당을 군인과 경찰이 포위한 가운데 대통령 간선제를 대통령 직선제로 개헌안을 통과시켰다. 1952년 5월 25일 비상계엄은 헌정사상 최초 친위쿠데타였다. 이승만은 군과 경찰을 동원하여 헌법기관인 국회를 무력화하고 헌법을 개정하였다. 1953년

---

171 국회사무처, 『국회임시회의속기록』제16회 제12호, 1953년 6월 29일.

형법을 제정하는 과정에서 다시는 헌법기관의 권능이 무력화해서는 안
된다고 판단하여, '국헌문란의 정의'를 형법 제91조에 규정하였다.[172]
'국헌문란'이 형법에 규정된 역사적 사실, 대법원 전원합의체에서 판결
한 전례에 비추어 이번 12·3비상계엄을 비교한다면, 좀 더 명확하게
12·3비상계엄의 실상을 확인할 수 있다고 판단된다.

계엄군이 국회의사당 3층 중앙홀로 접근하려 하자 국회 직원들이
소화기를 분사하며 저지하는 모습(출처 : 국회방송 갈무리)

---

172 제91조(국헌문란의 정의) 본 장에서 국헌을 문란할 목적이라 함은 다음 각호
    의 1에 해당함을 말한다.
    1. 헌법 또는 법률에 정한 절차에 의하지 아니하고 헌법 또는 법률의 기능을
       소멸시키는 것.
    2. 헌법에 의하여 설치된 국가기관을 강압에 의하여 전복 또는 그 권능행사를
       불가능하게 하는 것(형법, 법률 제293호, 1953년 9월 18일 제정 1953년
       10월 3일 시행).

헌법 제77조 제4항에는 "계엄을 선포한 때에는 대통령은 지체없이 국회에 통고하여야 한다"고 규정하고 있다. 윤석열은 계엄을 선포하고도 국회에 통고하지 않았다. 국회가 너무 일찍 계엄령을 해제했기에 미처 통고할 시간이 없었다고 변명할 수 있다. 그러나 '지체없이'라는 말에 유념해야 한다. 국무회의에서 '계엄에 관한 건'이 심의되어 결정되었다면, 대통령은 즉시 국회에 통고해야 한다. 계엄이 헌법에서 규정한 대통령의 권한으로서 통치행위라면, 그에 따른 절차도 헌법을 따라야 한다. 귀에 걸면 귀걸이요, 코에 걸면 코걸이 식의 자기 편의적 해석 자체가 독재자라는 것을 자임하는 것이다.

계엄군은 왜 국회에 난입했는가? 비상계엄의 선포는 대통령의 고유 권한이지만, 국회는 계엄 통제권을 갖고 있다. 즉 국회는 계엄 해제의 권한이 있다. 헌법 제77조 제5항 "국회가 재적의원 과반수의 찬성으로 계엄의 해제를 요구한 때에는 대통령은 이를 해제하여야 한다"는 규정이다. 아울러 계엄법 제11조 제1항 "대통령은 제2조 제2항 또는 제3항에 따른 계엄 상황이 평상상태로 회복되거나 국회가 계엄의 해제를 요구한 경우에는 지체없이 계엄을 해제하고 이를 공고하여야 한다"고 규정함으로써 대통령의 무절제한 권력 남용을 제한하고 있다.

비상계엄 해제는 윤석열의 목적(목표)이 무산됨을 의미한다. 따라서 국회를 장악하는 것은 윤석열에게 매우 중요하고 절체절명의 문제였다. 그래서 윤석열은 특전사령관 곽종근에게 707특수임무단의 국회 진출 상황을 확인하였고, 김용현 국방부장관은 곽종근에게 "국회의원 150명이 넘으면 안 된다"고 지시하였다. 현재 국회의 재적의원은 300

명으로 과반수 찬성은 150명이다. 국회의원 150명의 출석을 막기 위해 윤석열과 김용현은 특전사령부를 독려했으나, 끝내 좌절되었다.

국회는 12월 4일 1시를 조금 넘어 재석의원 190명의 찬성으로 비상계엄 해제 요구 결의안이 통과되었다. 국회의장은 지체없이 대통령에게 계엄 해제를 통고하고 요구하였다. 윤석열은 12월 4일 새벽 4시 27분경 계엄 해제 담화를 발표하였다.

> 존경하는 국민 여러분.
> 저는 어젯밤 11시를 기해 국가의 본질적 기능을 마비시키고 자유 민주주의 헌정질서를 붕괴시키려는 반국가세력에 맞서 결연한 구국의 의지로 비상계엄을 선포하였습니다.
> 그러나 조금 전 국회의 계엄 해제 요구가 있어 계엄 사무에 투입된 군을 철수시켰습니다.
> 바로 국무회의를 통해 국회의 요구를 수용하여 계엄을 해제할 것입니다.
> 다만, 즉시 국무회의를 소집하였지만, 새벽인 관계로 아직 의결 정족수가 충족되지 못해서 오는 대로 바로 계엄을 해제하겠습니다.
> 그렇지만, 거듭되는 탄핵과 입법 농단, 예산 농단으로 국가의 기능을 마비시키는 무도한 행위는 즉각 중지해줄 것을 국회에 요청합니다.
> 감사합니다.

윤석열이 비상계엄 해제 담화를 발표한 시간이 12월 4일 새벽 4시 27분경이다. 여기에서도 윤석열의 독단이 드러난다. 계엄을 해제하기 위해서는 국무회의 심의를 거쳐야 한다. 윤석열의 담화문을 보면 국무회의를 소집했지만, 새벽이라 국무회의 의결 정족수를 채우지 못했다고 밝히고 있다. 그런데 비상계엄 해제를 담화로 발표하였다. 이는 공식적 비상계엄 해제가 아니다. 국무회의가 열린 것은 4일 새벽 4시 30분 경이다. 국무회의 안건은 '비상계엄 해제'였고, 대통령이 불참한 가운데 비상계엄 해제가 의결되었다. 공식적으로 12월 4일 새벽 4시 30분에 비상계엄이 해제되었다. 비상계엄이 유지된 시간은 6시간이다. 윤석열은 "2시간짜리 내란이라는 게 있느냐"라고 했지만, 비상계엄은 6시간 동안 유지되었다. 윤석열의 주장은 국회에서 계엄군이 철수한 것을 두고 말한 것이다.

윤석열은 야당의 '내란'이라는 주장에 12월 12일 4차 대국민담화에서 "도대체 2시간짜리 내란이라는 것이 있느냐"면서 "질서유지를 위해 소수의 병력을 잠시 투입한 것이 폭동이란 말이냐"면서 불법적 비상계엄이 아니라고 주장하였다. '2시간짜리 내란'이 불가능하고 존재하지 않는다는 것이다.

역사적으로 확인이 필요하다. 전두환 등 신군부가 최규하 대통령에게 '비상계엄 확대 조치'를 강요하여, 1980년 5월 17일 새벽 0시를 기해 전국에 비상계엄 확대 조치가 선포되었다.[173] 비상계엄 확대 선포와 함께 5월 17일 새벽 2시 무장한 제33사단 101연대 병력이 국회의사당을 점령하고 봉쇄하였다. 사실상 헌정 중단 사태로 국회는 비상계엄 해제를 결의할 수 없었고, 마침내 전두환의 5·17쿠데타가 성공

---

[173] 1979년 10월 26일 박정희 사망으로 10월 27일 새벽 4시를 기해 제주도를 제외한 전국에 비상계엄을 선포하였다. 이를 제주도를 포함한 전국으로 확대한 비상계엄이 5·17비상계엄 확대 조치이다. 제11대 대통령으로 취임한 전두환은 1980년 10월 17일 0시를 기해 제주도를 제외한 비상계엄으로 다시 변경하였다.

하는 데 결정적 역할을 하였다.

　1980년 5월과 마찬가지로 윤석열의 뜻대로 계엄군이 국회를 봉쇄하고 국회의원을 모두 잡아 가뒀다면 국회는 비상계엄 해제 결의안을 통과시키지 못했을 것이다. 그리고 윤석열은 전두환의 12·12쿠데타와 5·17쿠데타처럼 친위쿠데타의 성공을 자축하였을 것이다.

3) 선거관리위원회, 계엄군 난입의 의미

　12·3비상계엄에서 윤석열이 장악하려고 한 헌법기관은 국회와 중앙선거관리위원회이다. 국회는 정치결사체로서 여야 정치세력 간의 이견과 마찰과 갈등이 존재하기에 비상계엄을 성공시키기 위해 계엄군의 난입 대상이 될 수 있다. 하지만 중앙선거관리위원회의 난입에 대해서는 대체로 눈과 귀를 의심하지 않을 수 없었다. 그래서 "왜 중앙선거관리위원회를……". 돌이켜보면, 이 말은 12·3비상계엄 선포의 목적을 제대로 간파하지 못한 순진한 생각이었다.

　1948년 제헌헌법 제정 이후 제2차 헌법 개정에 이르기까지는 헌법에 선거관리 기구에 대한 직접적인 근거 규정이 없었다. 선거관리위원회가 헌법에 처음 규정된 것은 3차 개헌(1960년 6월 15일, 헌법 제4호)이다. 이 헌법은 4·19혁명을 계기로 한 민주주의에 대한 국민적 소망을 담았으며, 4·19혁명의 직접적 계기가 되었던 3·15 부정선거를 교훈 삼아 민주적 선거제도의 필요에 따라 선거관리위원회가 헌법기관으로 신설되었다.

　제2공화국은 의원내각제를 채택하여, 실패했다는 인식이 강하다.

그러나 이는 5·16쿠데타를 일으켰던 박정희 등 군부의 말장난에 불과하다. 특히 제2공화국 헌법은 국민의 기본권과 삼권분립, 헌법기관의 독립성 등에서 주목할 만한 규범을 갖추고 있다.

민주적 선거제도의 필요에 따라 설치된 선거관리위원회는 군사독재 시절의 우여곡절을 거쳐 현행 헌법(헌법 제10호, 1988년 2월 25일 시행)은 제3장 국회, 제4장 정부[대통령, 행정부(국무총리와 국무위원, 국무회의, 행정각부, 감사원)], 제5장 법원, 제6장 헌법재판소, 제7장 선거관리, 제8장 지방자치 순서로 헌법기관을 편제하였다. 헌법 제114조 선거관리위원회의 조항을 보면,

① 선거와 국민투표의 공정한 관리 및 정당에 관한 사무를 처리하기 위하여 선거관리위원회를 둔다.
② 중앙선거관리위원회는 대통령이 임명하는 3인, 국회에서 선출하는 3인과 대법원장이 지명하는 3인의 위원으로 구성한다. 위원장은 위원 중에서 호선한다.
③ 위원의 임기는 6년으로 한다.
④ 위원은 정당에 가입하거나 정치에 관여할 수 없다.
⑤ 위원은 탄핵 또는 금고 이상의 형의 선고에 의하지 아니하고는 파면되지 아니한다.
⑥ 중앙선거관리위원회는 법령의 범위 안에서 선거관리·국민투표관리 또는 정당사무에 관한 규칙을 제정할 수 있으며, 법률에 저촉되지 아니하는 범위 안에서 내부규율에 관한 규칙을 제정할 수 있다.
⑦ 각급 선거관리위원회의 조직·직무범위 기타 필요한 사항은 법률로 정한다.

독립적으로 기관의 업무를 공정하게 수행해야 한다는 것이 선거관

리위원회를 헌법에 규범화한 목적이다. 헌법이 선거관리위원회의 독립성을 보장하고 그 사무수행의 공정성을 기하기 위하여 헌법과 법률로 선거관리위원회 위원의 임기와 신분을 보장하고 있다. 선거관리위원회 위원은 특정 정당에 가입하거나 정치활동 또는 정치에의 관여를 금지하여 정치적 중립성을 강조하고 있다. 이는 선거관리위원회의 독립적 헌법기관성을 준수하도록 하기 위함이다.[174]

대의민주주의를 택하고 있는 우리나라의 통치구조 아래에서, 주권자인 국민의 정치적 결정이 국가기관과 지방자치단체의 구성과 운영에 굴절 없이 반영될 수 있도록 하는 것은 매우 중요한 사항이다. 즉 선거관리위원회는 대의민주주의 체제에서 선거는 국민주권 원리를 실현하기 위한 수단일 뿐만 아니라 선출된 권력의 민주적 정당성을 확보하는 장치이기도 하다. 그런 점에서 공정한 선거관리는 주권자의 권력 표출·결정 및 권리보호를 위한 선거관리위원회의 핵심적인 책임 업무이다.

윤석열은 2021년 제20대 대통령선거, 2022년 제8회 전국동시지방선거, 2024년 제22대 국회의원선거 등에서 부정선거가 있었다는 의혹을 제기하였고, 상당한 확증 편향성을 지녔다. 부정선거 의혹에 대해서는 일부 극우 정치인과 극우 유튜버 등이 가당치 않은 논리를 내세워 주장하였다. 중앙선거관리위원회는 "제21대 국회의원 선거에서

---

174 조소영, 「선거관리위원회의 헌법적 의의와 독립성 확보 논의」, 『유럽헌법연구』 제34호, 2020, 370~371쪽.

제기된 126건의 선거소송 중 인용된 것은 단 한 건도 없었다"면서 투·개표 조작 의혹, 사전투표 조작, 투표관리관 도장 누락, 투표지는 부정선거 증거라는 주장 등을 상세하게 설명하며 일축하였다.[175]

윤석열은 부정선거 의혹을 현실화하기 위해 중앙선거관리위원회를 침탈하여 그 증거를 찾고자 하였다. 부정선거의 증거는 국회가 국민주권주의를 심대하게 침해하였고 민주적 정당성이 확보되지 않은 채 구성되었기에, 이러한 이유를 들어 제22대 국회를 해산하고 비상입법기구를 설치하려고 하였던 것으로 보인다.

그런데 헌법 어디에도 국회를 해산할 수 있는 규범이 없다. 유신헌법(헌법 8호, 1972년 12월 27일 시행)의 제59조 제1항 "대통령은 국회를 해산할 수 있다"는 규정, 제5공화국 헌법(헌법 9호, 1980년 10월 27일 시행)의 제57조 제1항 "①대통령은 국가의 안정 또는 국민 전체의 이익을 위하여 필요하다고 판단할 상당한 이유가 있을 때에는 국회의장의 자문 및 국무회의의 심의를 거친 후 그 사유를 명시하여 국회를 해산할 수 있다"는 규범이 있었지만, 현행 헌법에는 국회 해산권이 존재하지 않는다.[176] 검찰총장 출신의 대통령 윤석열이 이러한 헌법적 규범을 모를 리가 없다. 여기에 현행 헌법 제8조를 주목할 필요가 있다.

제8조 제4항은 "정당의 목적이나 활동이 민주적 기본질서에 위배될 때에는 정부는 헌법재판소에 그 해산을 제소할 수 있고, 정당은 헌

---

175 중앙선거관리위원회, 「보도자료 : 근거 없는 부정선거 주장, 전혀 사실이 아닙니다」, 2024년 12월 19일.

176 헌법에 국회 해산권이 규범화되지 않았지만, 국회를 해산했던 전례도 있다. 1972년 10월 17일 유신쿠데타가 가장 대표적이다.

법재판소의 심판에 의하여 해산된다"고 규정되어 있다. 이러한 헌법 규정에 따라 2014년 12월 19일 통합진보당이 해산되었다. 당시 헌법재판소의 주문 결정은 "1. 피청구인 통합진보당을 해산한다. 2. 피청구인 소속 국회의원 김미희, 김재연, 오병윤, 이상규, 이석기는 의원직을 상실한다"라고 판결하였다.

정당해산은 곧바로 소속 정당의 국회의원과 지방의회 의원까지 모두의 의원직 상실을 의미한다. 윤석열은 눈엣가시로 여겼던 더불어민주당을 중심으로 한 진보정당의 해산과 함께 국회의원을 모조리 해치울 수 있는 방도로 정당해산을 염두에 뒀을 것이다. 그도 그럴 것이 현행 헌법에서 최종적인 정당해산 결정은 헌법재판소가 하지만, 정당해산을 헌법재판소에 제소할 수 있는 권한은 유일하게 행정부가 갖고 있다. 정당해산의 제소는 국무회의 심의를 거쳐 정당해산을 제소할 수 있도록 현행 헌법 제89조에 규정하였다. 따라서 청구인은 정부를 대표하여 법무부장관이 된다. 입법부의 어떤 견제도 없이 행정부의 제소로 정당해산이 가능한 구조이다.

혹자는 "헌법재판소가 있는데 가능하겠어?"라고 반문할 것이다. 2014년 12월 19일 통합진보당 해산은 헌법재판소가 제시하였던, 물적 증거에 상당한 오류가 있음이 확인되었다. 특히 통합진보당 해산에 결정적인 역할을 하였던 '이석기 의원 내란음모사건'은 대법원에서 '내란음모' 혐의에 대해 무죄를 판결하였다. 헌법재판소처럼 국민에 의해 선출되지 않은 권력 기구의 취약성을 우리는 역사에서 자주 접할 수 있다.

윤석열의 계획대로 중앙선거관리위원회가 침탈되었다면, 상황은 180도 달라졌을 수 있다. 즉 제22대 국회를 구성하고 있는 국회의원이 민주적 정당성을 확보하지 못하고 부정선거로 당선되었다는 증거가 만들어진다면 상황이 달라질 수 있기 때문이다. 예컨대 1960년 3·15 부정선거에 대해 대통령이 선거 무효를 선언했던 경험이 있다. 야당이 다수 의석을 차지하고 있는 현재 국회의 상황에서 선거 무효까지 선언하기는 쉽지 않았을 것이다.

그런데 중앙선거관리위원회를 침탈하여 부정선거의 증거를 만들어내면 쿠데타는 성공으로 귀결될 가능성이 커진다. 윤석열의 친위쿠데타가 성공했다면, 국회는 물론이고 수사기관, 군대, 사법부, 언론은 내란의 부당성에 대해 목소리를 낼 수 있었을까? 12·3 친위쿠데타가 성공하여 모든 권력을 윤석열이 장악했다면 지금과는 전혀 다른 양상이 벌어졌을 것이다. 지난 시절 대한민국 역사가 이를 입증하고 있다. 예컨대 5·16쿠데타 이후 사법부는 오랫동안 권력의 시녀 역할을 하였고, 국회는 독재자의 거수기로 전락하였다. 경찰과 국군은 독재자의 첨병을 자임하였고, 언론은 독재자의 방패이며 기관지로 충실했던 시절이 있었다. 불과 50년 전 대한민국의 모습이다.

3
12·3비상계엄의 목표와 실패 요인

1) 12·3비상계엄의 목표

　　최근에 '계몽령'이란 단어가 화제이다. 12·3비상계엄의 목적이 "계엄령을 통해 국민들이 부정선거의 실태를 알게" 하려는 것이다. 우매한 국민을 계엄령으로 계몽시키려고 했다는 요상한 발상에 실소를 금할 수 없다.

> "저는 지금까지 패악질을 일삼은 망국의 원흉, 반국가세력을 반드시 척결하겠습니다. 이는 체제전복을 노리는 반국가세력의 준동으로부터 국민의 자유와 안전, 그리고 국가 지속가능성을 보장하며, 미래세대에게 제대로 된 나라를 물려주기 위한 불가피한 조치입니다."

　　망국亡國의 원흉인 반국가세력을 척결하기 위해 12·3비상계엄을 선포했다는 윤석열의 말을 액면 그대로 믿는 국민은 그렇게 많지 않아 보인다. 12·3비상계엄의 궁극적인 목표는 무엇이었을까?

윤석열은 부정선거의 증거를 확보하여 반국가세력의 집결체로 여긴 더불어민주당과 진보정당의 해산을 유도하려고 하였다. 이는 곧 소속 국회의원직 상실이며, 입법부 기능의 마비를 의미한다. 이를 통해 대체 입법기구를 창설하여 국회 권력을 장악하려고 했던 것이 일차적인 목표였으며, 궁극적인 최종 목표는 장기 집권이었을 것이다. 이러한 포석을 위해 비상계엄이라는 국가 비상사태를 빙자했을 것으로 본다.

따라서 부정선거를 밝히는 것은 윤석열에게 매우 중요하였다. 이를 위해 쿠데타군은 국회보다 중앙선거관리위원회에 더 이른 시간부터 많은 병력을 동원하였다. 그리고 전직 정보사령관까지 동원하여 중앙선거관리위원회 위원장과 위원에게 "부정선거가 있었다"는 거짓 자백을 받아내려고 하였다.

현행 정치구조에서 민주적인 선거를 통해 보수 정당이 국회 권력을 갖기는 요원할 정도로 국민의 정치적 수준과 민주주의 의식이 두터워졌다.[177] 비상식적인 주장에 상당히 의존했던 윤석열은 정부가 국가라는 망상에 사로잡혀 있었고, 그에게 반대하거나 비판하는 세력을 반국가세력으로 몰아갔다. 그리고 극소수 수구세력의 편향적 이념에 몰입한 나머지 부정선거라는 망상에 빠져들었다. 윤석열은 부정선거를

---

[177] 제20대 국회의원선거에서 새누리당은 122석, 더불어민주당 123석, 국민의당 38석, 정의당 6석, 무소속 11석 등으로 야당이 승리하였다. 제21대 국회의원 선거에서 보수정당(미래통합당, 미래한국당 국민의당)이 106석, 진보정당(더불어민주당, 더불어시민당, 정의당, 열린민주당) 189석, 기타 5석을 차지하였다. 현재 제22대 국회의 의석 분포는 여당인 국민의힘 108석, 야당 192석을 차지하고 있다.

매개체로 활용하여 민주적 정당을 일거에 척결하고 그들만의 장기 집권을 꿈꿨다. 12월 3일 비상계엄 선포를 '내란사태'로 연관한 이유는 여기에 있다.

윤석열의 12·3비상계엄은 비상계엄 해제와 동시에 '내란사태'로 규정되었고, 국회는 대통령 탄핵소추안을 의결하였다. 현재 헌법재판소에서 대통령 탄핵심판이 진행 중이다. 그리고 각 수사기관에서는 내란행위에 대한 '내란 우두머리'로 적시하여 수사가 진행 중이다. 헌법재판소에서 대통령 탄핵소추안이 '인용'될 것인지, '기각'될 것인지 알 수 없다. 다만 그 결론은 사법기관의 '내란행위'에 대한 판단에 지대한 영향을 미칠 것이다.

헌정사상 이미 두 차례 대통령 탄핵 소추를 경험하였다. 2004년 노무현 대통령 탄핵과 2017년 박근혜 대통령 탄핵이다. 노무현 대통령은 탄핵 소추가 기각되었고, 반면에 박근혜 대통령은 파면이 결정되었다. 헌법재판소 결정의 기준은 대통령 파면을 위해서는 직무집행과 관련된 '헌법 또는 법률 위배'라는 탄핵 사유의 존재뿐만 아니라, 탄핵 사유가 대통령의 파면을 정당화할 만큼 중대하기도 해야 한다는 것이다. '중대한 헌법이나 법률 위배'에서 '중대성'이 탄핵 결정의 기준이 되었다. 탄핵 결정의 '중대성' 기준은 첫째, 파면 결정을 통하여 손상된 헌법 질서를 회복하는 것이 요청될 정도로 대통령의 법 위배행위가 헌법수호의 관점에서 중대한 의미를 갖는 경우이다. 둘째, 대통령에게 부여된 국민의 신임을 임기 중 박탈해야 할 정도로 대통령이 법 위배행위를 통하여 국민의 신임을 배반한 경우이다.[178]

노무현 대통령의 탄핵 사유는 첫째, 노무현 대통령 발언이 공직선거법상 공무원의 정치적 중립의무를 위반하였고, 선관위의 판정과 국회의 인사청문 의견을 무시함으로써 선관위와 국회 등 헌법기관을 경시하여 삼권분립의 정신을 파괴하였다. 둘째, 노무현 대통령은 자신과 안희정·양길승·최도술·이광재·여택수 등 측근들의 권력형 부정부패로 인해 국정을 정상적으로 수행할 수 있는 최소한의 도덕적·법적 정당성을 상실하였다. 셋째, 세계적인 경기 호황 속에서도 미국보다 낮은 성장률에 머물러 있는 등은 노무현 대통령이 국민경제와 민생을 도탄에 빠뜨려 국민에게 IMF 위기 때보다 더 극심한 고통을 안겨주고 있다는[179] 것이다. 탄핵 사유를 정리하면, 선거법 위반, 불법 정치자금 수수, 국정 파탄 등 3가지 이유를 들었다.

헌법재판소는 불법 정치자금 수수와 국정 파탄은 "그 자체로서 소추 사유가 될 수 없어, 탄핵심판절차의 판단 대상이 되지 않는다"고 하였다. 선거법 위반에 대해서는 "선거에서의 중립의무와 헌법수호 의무를 위반하였다"고 판단하였다. 그러나 "대통령의 법 위반행위가 헌법수호의 관점에서 중대한 의미를 가진다고 볼 수 없고 파면 결정을 정당화하는 사유가 존재하지 않는다"면서 "심판청구를 기각한다"고 밝혔다.

박근혜 대통령의 탄핵 사유는 5개 유형의 헌법 위배행위와 4개 유형의 법률 위배행위였다. 탄핵소추의 사유를 요약하면, 대통령이 직무 집행에 있어서 사인(최순실의 의미)의 국정 개입을 용인했고, 대통령의

---

178 김진욱, 「대통령 탄핵사유에 대한 소고」, 『법학논총』제44집, 2019, 17쪽.
179 이철희, 「대통령 탄핵 결정요인 분석 : 노무현 대통령과 박근혜 대통령 탄핵 과정 비교」, 한신대학교 대학원 박사학위논문, 2020, 90쪽.

권한 남용이 있었으며, 언론의 자유 침해, 생명권 보호의무 위반, 뇌물수수 등 각종 형사법을 위반함으로써 헌법과 법률을 중대하게 위반했다는 것이다.

헌법재판소는 "대통령이 국민 모두에 대한 '법치와 준법의 상징적 존재'임에도 헌법과 법률을 중대하게 위반한 행위이다. 이 사건 탄핵 심판청구를 기각한다면 정경유착 등 정치적 폐습은 확대·고착될 우려가 있다. 이는 현재의 헌법 질서에 부정적 영향을 주는 것일 뿐만 아니라 우리 헌법이 지향하는 이념적 가치와도 충돌하고 최근 부패 방지 관련법 제정에서 나타난 '공정하고 청렴한 사회를 구현하려는 국민적 열망'에도 배치된다"면서, 대한민국에서 정의를 바로 세우고 비선조직의 국정개입, 대통령의 권한남용, 정경유착과 같은 정치적 폐습을 청산하기 위해 "피청구인 대통령 박근혜를 파면한다"고 판시하였다.

기존의 두 대통령의 탄핵 사유와 윤석열의 탄핵 사유 중 누가 더 헌법과 법률을 중대하게 위반했는지 판단해야 한다. 눈과 귀가 헌법재판소로 향하고 있다. 여기에 다시금 살폈으면 하는 것이 헌법적 사법적 판단도 중요하지만, 역사적 판단도 중요하다는 것이다. 헌정질서를 파괴했던 지난날의 비상계엄은 결과적으로 권력을 탈취하거나 자신의 권력을 연장하기 위한 도구로 활용되었다. 이는 곧 헌법에서 명시한 삼권분립과 국민주권주의를 침탈하였고, 국민의 기본권을 심대하게 침해하였다. 이러한 역사적 사실에 비춰 윤석열의 12·3비상계엄을 평가해야 할 것이다.

윤석열은 2022년 5월 10일 대통령 취임식에서 "나는 헌법을 준수하고 국가를 보위하며 조국의 평화적 통일과 국민의 자유와 복리의 증진 및 민족문화의 창달에 노력하여 대통령으로서의 직책을 성실히 수행할 것을 국민 앞에 엄숙히 선서합니다"(헌법 제69조)고 했다. 2년 6개월이 지난 시점에 돌이켜 보면, 윤석열은 헌법을 준수했을까? 대통령의 직책을 성실히 수행했을까?

2) 12·3비상계엄은 왜 실패했는가?

윤석열은 "반국가세력을 척결하여 자유 대한민국을 지켜내겠다"는 비상계엄 선포의 목적에도 불구하고 6시간 만에 실패로 돌아갔다. 대한민국 헌정사상 비상계엄이 실패하여 '내란사태'로 돌변한 사례는 전무하다. 1980년 5·17비상계엄 확대 조치는 그로부터 17년이 지난 시점에 내란행위로 판결하였지만, 5·17비상계엄 확대 조치 당시에는 성공한 쿠데타였다. 그리하여 "실패하면 반역이고, 성공하면 혁명 아닙니까"하는 우스갯소리가 정설처럼 회자되었다.

12·3비상계엄은 선포 2시간 만에 국회에서 계엄 해제 결의안이 통과되었고, 6시간 만에 비상계엄이 해제되었다. 계엄이 해제되자 '내란행위'로 역전되었고, 국회에서 대통령 탄핵소추안이 의결되었다. 그리고 헌법재판소의 판결을 기다리며, 사법기관에서는 '내란 우두머리'에 해당하는 범죄 사실에 조사받고 있다. 헌정사상 처음으로 비상계엄이 실패한 요인은 무엇일까?

첫 번째는 민주주의 성숙한 안착이라고 할 수 있다. 12·3비상계엄 선포 소식을 접한 국민은 대체로 "이게 뭐야", "가짜뉴스인가"라는 반응을 보였다. 비상계엄과 관련하여 헌법이나 법률적 지식이 부족하였다고 하여도, 현재 상황이 비상계엄을 해야 할 만큼의 비상 상황이라는데 동의할 수 없었고 공감을 얻을 수 없었던 것이 국민의 정서였다.

1987년 6월민주항쟁 이후 우리 사회는 세계가 부러워할 정도로 사회가 안정되었다. 다시 말하면 민주주의의 성숙도와 국민의 의식 수준이 세계 최고에 달하였다. 대한민국의 사회 공공질서는 타의 추종을 불허한다. 휴전선을 경계로 대치된 국가라고는 믿을 수 없을 정도로 사회 안정성에 기반하여 민주주의 성숙도가 매우 높다.

이러한 국민 정서와 민주주의 성숙도는 12월 3일 더욱 빛났다. 윤석열의 비상계엄 선포에 분노하면서 민주주의를 지키고자 시민들은 국회로 향했다. 국회마저 계엄군에 의해 장악되면 안 된다는 절박함에 모여든 시민들은 맨몸으로 계엄군과 대치하고 싸웠다. 경제 성장과 함께 안정적인 민주주의가 사회 전반에 안착한 효과는 비상계엄이라는 위기에서 빛을 발했고, 시민의 저항에 계엄군은 물러설 수밖에 없었다.

두 번째는 문명 이기의 승리였다. 휴대폰과 인터넷으로 대변되는 IT 강국의 면모가 그대로 발현되었다. 국회로 나온 시민들의 손에는 휴대폰이 들려 있었다. 휴대폰은 현장을 촬영하였고, SNS를 통해 현장 상황을 전달하는 최적의 무기였다. 45년 전 1980년 5·17비상계엄 확대 조치 때는 중앙언론을 장악하면 모든 정보를 계엄군이 통제할 수 있었다. 하지만 2024년은 다매체 언론의 다양성을 넘어 1인 미디어 시대이다. 개개인 블로그, 유튜브, 페이스북, 인스타그램 등의 SNS를 통해 계엄군의 일거수일투족을 실시간으로 전국에 아니 전 세계에 중계할 수 있었다.

계엄군으로서도 수많은 시민의 휴대폰을 피할 방법이 없었다. 그들의 행동과 모습이 그대로 노출되었다. 계엄군들도 '친위쿠데타'가 성공하더라도 그것이 영원할 수 없다는 것을 지난 역사를 통해 알았다. 그러기에 맹목적으로 상부의 지시를 따를 수가 없었다. 문명의 이기는 빠른 정보 전달과 의사소통을 가능하게 하였다. 또한 대한민국 국민은 물론이고 전 세계인이 21세기에 도저히 있을 수 없는 '엄청난 사건'의 목격자가 되었다. 대한민국 IT 강국의 면모가 12·3비상계엄에서 빛을 발하면서 비상계엄은 실패할 수밖에 없었다. 그리고 지난 역사가 계엄군의 행동을 반추하게 하였다.

세 번째는 군대의 변화이다. 노무현 정부 때인 2004년 『월간중앙』 9월호에는 「군은 청와대를 어떻게 보나」란 기사에서 현역 사단장 K소장은 "이제 한국에서 군사쿠데타는 영원히 불가능하다"며 다섯 가지 이유를 들었다. 요약하면,

1. 쿠데타 모의 단계 : 휴대전화 때문에 보안 유지가 불가능하다. 설사 모의가 성공했더라도 거사로 이어지기 어렵다, 특정 부대, 특정 집단의 일거수일투족이 사람들에 의해 순식간에 세상에 알려지기 때문이다.
2. 쿠데타 발발 시점 : 군사와 장비를 집결시키고 중앙기관을 점령하기 위해 치고 들어오려고 해도 교통체증 때문에 이동이 어렵다. 과거 통행금지가 있던 때는 쿠데타군이 신속한 이동이 가능했지만, 지금은 당국의 통제가 없이는 수도권 교통체증을 극복할 수 없다.

3. 쿠데타 성공 단계 : 설사 병력과 장비를 국가기관과 서울에 진출시켰다 해도 국민을 설득할 방도가 없다. 과거처럼 몇몇 신문 방송사 접수만으로 국민 동의를 구할 수 없으며 휴대전화와 인터넷으로 소통하는 국민은 쿠데타 군을 응징할 것이 분명하다.

4. 더 이상 군이 한국 사회의 최고 엘리트 집단이 아니다. 군사 쿠데타는 다른 사회 부문보다 군이 가장 앞선 곳에서나 가능하다. 그래야 군이 명분과 힘을 가지고 다른 부문을 압도한다. 그러나 이젠 그런 시대가 지났다.

5. 너무도 명백한 앞의 4가지 사실을, 누구보다 군이 가장 잘 알고 있기 때문에 쿠데타는 더 이상 불가능하고 없다.[180]

지금으로부터 20년 전에 육군 고위 간부가 밝힌 쿠데타가 불가능한 이유는 매우 적절한 지적이다. 그로부터 20년이 더 지난 지금은 시대가 훨씬 복잡다단하게 변화했고 사회의 인식도 달라졌다. 또한 현재 군의 주요 지휘관은 1987년 6월민주항쟁을 직간접으로 겪었던 세대이다. 사회 민주화에 발맞추어 군대도 무조건적 '상명하복'이 통하는 조직이 아니다. 대표적으로 해병대 채수근 상병의 문제에서 보여준 박정훈 대령의 행동이 그러하다. 그리고 현역의 20~30대 젊은 군인들의 사고도 매우 달라졌다. 위헌적이고 위법적인 비상계엄이라는 것을 군인들부터 인식하고 있었기에 비상계엄은 실패할 수밖에 없었다.

넷째, 역사와 영화에서 배운 국민의 의식과 감정을 간과하지 못했다. 50대 이상의 기성세대는 12·12쿠데타, 부마민주항쟁, 5·17비상계

---

180 『오마이뉴스』, 2024년 12월 4일 재인용.

엄 확대와 광주민주항쟁을 통해 계엄이란 뼈저린 역사를 이미 경험하였다. 그리고 젊은 세대는 광주민주항쟁 관련 영화(「택시운전사」, 「화려한 휴가」 등)와 2023년에 개봉한 「서울의 봄」을 통해 계엄의 비정상적인 상황을 간접적으로 경험하였다. 국민의 직간접적인 비상계엄에 대한 경험은 12월 3일이 비상사태가 아니라는 것을 정확히 인지하게 하였다. 그리고 비상계엄은 국민의 기본권 침해로 이어지며, 정치권력 집단의 야욕에 의한 행위라는 것을 명확하게 인식할 수 있었다.

계엄군의 입장에서도 전두환·노태우 등 신군부가 쿠데타로 정권을 탈취한 행위가 반헌법적이며 반민주주의라는 것을 역사를 통해 알고 있었다. 즉 1980년 5·17비상계엄 확대조치로 신군부가 성공한 쿠데타라고 자축하였지만, 역사가 그들을 단죄하였다. 쿠데타는 당장의 문제로만 끝나는 것이 아니라 역사로 기록된다는 점에서 계엄군은 함부로 나설 수 없었다.

다섯째, 국회의 빠른 대응이다. 12월 3일 밤 10시 27분경 윤석열의 비상계엄 선포가 발표되었다. 더불어민주당 등 야당의 국회의원은 신속하게 국회에 집결하였다. 여당 국민의힘 국회의원들도 국회로 모여들었다. 국회는 이미 경찰에 의해 정문이 봉쇄되었지만, 국회의장 우원식 등은 국회 담을 넘어 국회의사당에 입장하였다.

국회 상공에는 헬기가 등장하고 국회 운동장에 착륙하였다. 계엄군이 국회를 장악하기 위해 투입되었다. 야당 소속의 국회의원 비서관과 국회사무처 직원들은 계엄군 국회 진출을 막기 위해 사투를 벌였다. 마침내 2024년 12월 4일 밤 1시경 '계엄 해제 결의안'이 상정되었고,

재석의원 190명의 만장일치로 계엄 해제 결의안은 통과되었다. 헌법에 부여한 국회의원의 계엄해제 요구권이 이른 시간에 발현되면서 계엄군은 국회에서 철수할 수밖에 없었고, 국회 장악은 실패로 끝났다. 이는 곧 비상계엄의 실패이며, '내란사태'로 전환되었다.

이외에도 전시 작전지휘권이 주한미군에게 있음으로써 군대 동원이 쉽지 않았다. 또한 윤석열 정권의 여러 차례 국지전을 유도한 행위가 있었음에도 북한이 별도의 행동이나 조치에 나서지 않음으로써 비상계엄 선포의 담화가 거짓으로 드러났다. 교육의 변화도 빼놓을 수 없을 것이다. 과거 권위주의 시절의 획일주의적 주입식 교육에서 탈피하여 창의적인 사고와 토론식 교육이 자기의 의사를 명확하게 표현할 수 있는 여건이 되었다. 특히 세월호를 겪었던 젊은 세대의 국가와 사회를 바라보는 인식과 감정도 아주 달랐다. 'K-문화'로 일컫는 문화의 힘도 이번 비상계엄에서 위력을 배가시키며 친위쿠데타를 무너뜨렸다.

책을 마치며

헌법은 국민의 기본법이다. 헌법을 제정한 목적은 통치자의 권한을 제한하고 피치자의 자유와 권리를 보장하기 위함이다. 대한민국은 민주공화제를 채택하였고, 국민주권주의를 규범화하였다. 그리고 "모든 국민은 법 앞에 평등하다. 누구든지 성별·종교 또는 사회적 신분에 의하여 정치적·경제적·사회적·문화적 생활의 모든 영역에 있어서 차별을 받지 아니한다"(헌법 제11조)고 규정하였다.

대한민국은 사회적 특수계급이 존재하지 않은 만인 평등 국가이다. 대통령은 사회적 특수계급이 아니다. 대통령은 국민의 일부이고, 주권자가 위임한 정부의 책임자를 의미하는 직책이다. 즉 대통령은 국가도 아니고 군주도 아니다. 주권자로부터 위임받은 권한을 5년 동안 행사하는 선출직 공무원이다.

다만 "대통령은 국가의 원수이며, 외국에 대하여 국가를 대표한다"(헌법 제66조 제1항)는 막중한 대표성과 책임성을 부여하였다. 이러한 대표성과 책임성의 막중한 권한을 통치행위라고 일컫는다. 대통령의 통치행위는 막강하고 그 영향력이 지대하므로 반드시 헌법을 준수하도록 하고 있다. "나는 헌법을 준수하고 국가를 보위하며 조국의 평화적 통일과 국민의 자유와 복리의 증진 및 민족문화의 창달에 노력하여 대통령으로서의 직책을 성실히 수행할 것을 국민 앞에 엄숙히 선서합니다."(헌법 제69조)라는 규정과 함께 "헌법을 수호할 책무를 진다"(헌법 제66조 제2항)라며 통치행위의 핵심은 헌법수호에 있음을 규정해 놓았다.

비상계엄도 헌법에서 대통령의 권한으로 부여한 통치행위이다. 그러나 그 절차와 요건은 엄격하게 제한되어 있다. 계엄은 비정상적인 상황에 대한 비상조치 수단이다. 따라서 헌법이나 법률에 규정한 절차와 요건을 충족해야 계엄을 선포할 수 있다. 특히 비상계엄은 전쟁, 사변, 재난 등 국가 존립이 위협받는 상황에서 선포된다는 점에서, 국민의 기본권이 일부 정지되거나 제한되기도 한다는 점에서 사회 공공질서와 국가 안전보장을 위한 최후수단으로 발동되어야 한다.

대한민국에서 계엄은 그렇지 못했다. 그러다 보니 우리는 계엄에 대해 부정적 인식이 강하다. 계엄이 부정적 측면만 있는 것은 아니다. 계엄은 전쟁이나 사변 같은 국가적 위기 상황에서 신속하고 효율적으로 사회 공공질서를 회복하고 피해를 최소화하며 국민의 안전을 보호함으로써 국가적 위기를 극복하기 위한 안전장치로서의 순기능이 있다. 그럼에도 불구하고 대한민국에서 계엄은 권력 찬탈이나 권력 유지를 위한 방편으로 악용되었고, 주권자인 국민의 기본권이 제한되었던 불행한 경험으로 인해 부정적 인식이 매우 강한 것이 사실이다.

대한민국에서 계엄 선포는 현대사의 중요한 변곡점이 되는 역사적 사건과 중첩되어 있다. 특히 권력관계와 복잡 미묘하게 얽혀있다. 우리나라 최초 계엄령은 여순항쟁 당시 1948년 10월 25일 여수군과 순천군 지역에 선포되었다. 그리고 1948년 11월 17일 제주도에 계엄이 선포되었다. 계엄법이 제정되지 않은 상황에서 계엄령은 현지 사령관의 자의적인 판단으로 수많은 민간인이 학살되었다. 이승만은 자신의 정권 연장을 위해 '공비소탕'이란 허무맹랑한 조작으로 계엄을 선포하고 국회를 무력화하였다. 이는 훗날 형법 제정에 있어서 '국헌문란죄'를 명확하게 규정하는 데 결정적 역할을 하였다.

박정희 시절의 비상계엄은 헌법과 법률에 따른 비상계엄의 절차나 요건과는 무관하였다. 오로지 자신의 권력 찬탈과 권력 유지를 위해 비상계엄을 악용하였다. 그런데도 박정희에게 정치적·사법적 처벌이 이루어지지 않았다. 아울러 역사에서도 여전히 그의 성과에 주목하는 경향이 강하다. 12·3비상계엄에서 적확하게 우리가 직시해야 하는 것은 잘못된 역사에 대한 처벌과 청산이라는 것이다. 박정희는 무려 4차례나 비상계엄을 선포하였다. 이에 대한 역사적 처벌과 청산이 반드시 이루어져야 한다.

처벌하지 않고 청산하지 않았던 박정희의 잘못된 행위를 보고 배운 사람이 전두환이다. 전두환의 비상계엄도 오로지 자신의 권력만을 위해 국민의 생명을 침탈하였고 기본권을 침해하였다. 전두환은 정치적·사법적으로 절반의 처벌만이 이루어졌다. 역사는 혹독하게 그를 단죄하고 있다. 그리고 2024년 12월 3일 윤석열은 전두환의 1980년 5

월 이후 45년 만에 비상계엄을 선포하였다. 윤석열은 박정희와 전두환의 전례를 학습하여 독재자의 길로 가기 위해 비상계엄을 이용하였다. 그러나 21세기 대한민국은 위대하였다. 박정희, 전두환과 같은 독재자의 길을 용납하지 않았다.

비상계엄 선포는 정치·경제·사회적으로 그 영향력이 대단하다. 따라서 계엄은 민주적으로 통제할 필요성이 있다. 특히, 계엄 하에서의 영장주의, 표현의 자유, 사법기능에 대한 특별한 조치는 기본권의 본질적 내용을 침해하지 않도록 통제되어야 한다. 계엄 선포는 국내 문제로만 접근할 수 없다. 국가의 대외 신인도에 상상을 초월할 만큼의 영향을 미친다. 2024년 12월 3일 느닷없이 찾아온 비상계엄은 해를 넘겨 2025년에도 여전히 정치·경제·사회 전반에 걸쳐 불확실성을 확대 재생산하고 있다. 외국에서 바라본 대한민국은 불안전하다.

12·3비상계엄은 정치·경제·사회 및 대외 신인도 등에서 국가적으로 이로울 게 하나 없는, 한 마디로 '멍청한 짓에 불과'했다고 평가한다. 그러나 새로운 가능성도 엿볼 수 있었다. 민주주의의 회복력이다. 1987년 이후 굳건하게 자리한 민주주의에 대한 의식은 12·3비상계엄 사태에서도 그 위력을 자랑하였다. 그리고 새로운 역사의 주인공으로 MZ세대를 발견하였다. 그동안 20·30대 젊은이들의 사회와 역사 인식에 대해 문제 제기가 기우에 불과했다는 것을 12·3비상계엄을 통해 확인할 수 있었다.

비상계엄은 국가 위기 상황에 대처하는 데 필요한 수단일 수 있지만, 그 발동은 신중해야 한다. 2024년 12월 3일 민주공화국 대한민국에서 비상계엄이 선포되었다. 이는 헌법과 법률을 위배한 비정상적인 조치였다. 윤석열의 비상계엄 선포 원인은 결국 비상계엄의 목표 또는 목적이다. 12·3비상계엄은 목적을 달성하기 전에 실패하였다. 비상계엄의 역사에서 성찰하고 평가해야 하는 것은 비상계엄 선포의 목적이 정당했는지에 대한 기록이다. 즉 원인의 정당성이다. 그리고 더욱 중요한 것은 12·3비상계엄이 왜 실패했는지를 살피는 것이다. 12·3비상계엄 선포의 실패에는 역사의 교훈과 함께 대한민국이 나갈 미래에 대한 주권자인 국민의 의식이 확고하게 자리하고 있기 때문이다.

"피청구인 대통령 윤석열을 파면한다."

2025년 어느 봄날. 대한민국 민주주의의 위대함을 세계 언론은 앞다투어 타전할 것이다. 그리고 역사는 이를 바탕으로 2024년 12월 3일 비상계엄과 '내란사태'를 더욱 냉정하게 평가하고 적확한 의미로 기록할 것이다.

참고문헌

『경향신문』, 『국제신문』, 『남조선민보』, 『독립신문』, 『동광신문』, 『동아일보』, 『매일경제』, 『부산일보』, 『서울신문』, 『오마이뉴스』, 『제주신보』, 『조선일보』, 『조선중앙일보』, 『평화신문』, 『한성일보』, 『라이프지』, 『관보』, 『국무회의록』.

국회사무처, 『국회속기록』.

통위부조선경비대총사령부, 「출장명령44호」· 「출장명령45호」

국방부전사편찬위원회, 『대비정규전사』, 1988.

김대중, 『김대중자서전』1, 삼인, 2010.

김철수, 『헌법학개론』, 박영사, 2023.

부마민주항쟁진상규명 및 관련자 명예회복심의위원회, 『부마민주항쟁 진상조사보고서』, 2022.

이기하 외, 『한국의 정당』, 한국일보사, 1987.

이상우, 『제3공화국:5·16에서 10월유신까지』①, 중원문화, 1993.

전사편찬위원회, 『한국전쟁사1:해방과건군』, 1967.

제주4·3사건진상규명및희생자명예회복위원회, 『제주4·3사건진상조사보고서』, 2003.

제주4·3평화재단, 『기록이 된 흔적』, 2020.

주철희, 『대한민국 현대사: 헌법에서 현대사를 읽다』 1·2, 더읽다, 2024.

주철희, 『동포의 학살을 거부한다: 1948, 여순항쟁의 역사』, 흐름, 2017.

한상범, 『헌법이야기』, 현암사, 1998.

고문현·고문철, 「계엄에 관한 연구」, 『법학논총』47, 2020.

김도창, 「비상계엄 해제 후 군법회의 재판권 연장의 위헌성 여부」, 『행정
　　　판례연구』2, 1996.

김무용, 「한국 계엄령 제도의 역사적 기원과 변천에 관한 연구」, 한국연구
　　　재단, 2012.

김진욱, 「대통령 탄핵사유에 대한 소고」, 『법학논총』제44집, 2019.

김춘수, 「여순사건 당시의 계엄령과 군법회의」, 『제노사이드연구』6,
　　　2009,

박범종, 「한국현대사에 부마민주항쟁의 의미」, 『한국과 국제사회』제5권
　　　6호, 2021.

백윤철, 「계엄법에 관한 연구」, 『법학논총』33권 1호, 2009.

부마민주항쟁기념사업회, 『마산, 다시 역사를 이야기하다』마산편 2,
　　　2019.

이철희, 「대통령 탄핵 결정요인 분석」, 한신대학교 대학원 박사학위논문,
　　　2020.

조소영, 「선거관리위원회의 헌법적 의의와 독립성 확보 논의」, 『유럽헌법
　　　연구』제34호, 2020.

최승환, 「계엄의 법률적 문제점에 대한 고찰」, 성균관대학교 교육대학원
　　　석사논문, 2012.

허호준, 「제주4·3의 전개과정과 미군정의 대응전략에 관한 연구」, 제주대
　　　학교 석사학위논문, 2003.